Basic English Grammar for Kids 6

 JN073968

Section 1 | Alphabet & Vowels

ここでは
アルファベットと母音について
練習をするよ!

Write the missing letter. (Lowercase)
（＿＿の部分に絵と合うように正しい文字（小文字）を入れましょう。）

① 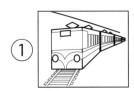  _____rain

②  _____at

③  _____og

④  _____ase

⑤ _____elly

⑥ _____oon

⑦ _____indow

⑧ _____ish

⑨ _____ainbow

⑩ _____ey

⑪ _____ig

⑫ _____nt

⑬ _____ueen

⑭ _____oo

 Write the missing letter. (Lowercase)

（￣￣の部分に絵と合うように正しい文字（小文字）を入れましょう。）

① ＿＿＿nk

② ＿＿＿arn

③ ＿＿＿trawberry

④ fo＿＿＿

⑤ ＿＿＿nion

⑥ ＿＿＿oy

⑦ ＿＿＿mbrella

⑧ ＿＿＿ggplant

⑨ ＿＿＿emon

⑩ ＿＿＿ouse

⑪ ＿＿＿irl

⑫ ＿＿＿urse

覚えておこう！ 英語は母音がとても大切。この"5つ"は絶対にマスターしよう！

Write the vowels. （母音を書きましょう。）

それぞれ音も確認しよう！

Uppercase
（大文字）

Lowercase
（小文字）

-3-

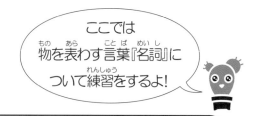

ここでは
物を表わす言葉『名詞』に
ついて練習をするよ!

覚えて
おこう! 英語は物の数が大切。1つの時と2つ以上の時をしっかりマスター!

Write the words from the ▨ into the correct space below.
(▨ の言葉を、それぞれ当てはまるグループに書きましょう。)

数えられる物グループ
countable

① _____

② _____

③ _____

④ _____

⑤ _____

数えられない物グループ
uncountable

① _____

② _____

③ _____

④ _____

⑤ _____

Japan

math

rabbit

leaf

water

tennis

baby

rice

potato

mouse

英語では
『数えられるもの』と
『数えられないもの』は
大きく違うんだよ。
それぞれを次のページから
練習していこう!

重要 ▶ 英語では『数えられない物』の言葉
の場合、形が変わることがないよ。でも
『数えられる物』は言葉の形が変わった
り、前に言葉がついたりするよ。

-4-

数えられない物 のルール

> **重要** 『数えられない物』は、言葉の形は変わらないよ！
> 例えばこんな物が数えられない物だよ！

人の名前	Chris ⇒ Chris		教科	math ⇒ math
国名・地名	Japan ⇒ Japan			English ⇒ English
液体など 数えられない 名前	water ⇒ water		スポーツ	soccer ⇒ soccer
	sugar ⇒ sugar			baseball ⇒ baseball
			特別に 変わらない 生き物など	sheep ⇒ sheep
				fish ⇒ fish

1つずつ数えられるのに 不思議だね？

Write the word matching the picture on the lines.

(_____ に絵に合う言葉を書きましょう。)

①  Japan ⇒  _____

②  Earth ⇒  _____

③  water ⇒  _____

④ soccer ⇒ 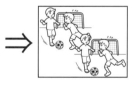 _____

⑤  sugar ⇒ 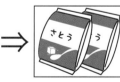 _____

⑥  money ⇒  _____

⑦  sheep ⇒  _____

数えられる物 のルール

重要 『数えられる物』は、『1つ』の場合と『2つ以上』の場合では、言葉の前に何かついたり、言葉の形が変わったりするよ。くわしく練習してみよう！

Write the words from the ▨ into the correct space below.
（▨ の言葉を、それぞれ当てはまるグループに書きましょう。）

1つの物 singular

① _____
② _____
③ _____

2つ以上の物 plural

① _____
② _____
③ _____

an apple	shoes	grapes
hands	a book	the moon

確認！ 物が1つの時のルール

Choose the correct word from the ▨ and write it on the line. (次の文の空欄にあてはまる言葉を ▨ から選び、線の上に書きましょう。)

【例】 It is a tomato.

名詞の前につく
"a" "an" or "the" のルールを確認しよう！

a / an は、_____ を表わす言葉で、

意味は _____ という意味です。母音の音の前には必ず _____、

その他の時は _____ をつけます。

【例】 It is the sun.

世界で _____ だけしかないものは、数えない事があって

そんな時は、名詞の前に _____ をつけます。

a	1つ
数	the
an	1つ

Write "a" "an" or "the" on the lines.
（＿＿＿に　"a" か "an" か "the" を書きましょう。）

① It is _____ alligator.

② It is _____ peach.

③ It is _____ Earth.

④ 音に注意 It is _____ x-ray.

⑤ It is _____ notebook.

音に注意しよう！

⑥ It is _____ island.

⑦ 音に注意 It is _____ uniform.

⑧ It is _____ sun.

⑨ It is _____ undershirt.

⑩ It is _____ clock.

2つ以上の時の練習

2つ以上の時に 変身する方法 その1

Sレンジャーの場合…

pen ⇒ pen**s**
book ⇒ book**s**

S をつけるだけだよ！

 Write the word matching the picture on the lines.
(—— に絵に合う言葉を書きましょう。)

①  book ⇒  _____

②  cat ⇒ _____

③ 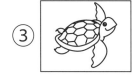 turtle ⇒  _____

④  apron ⇒  _____

⑤ cup ⇒ _____

Challenge

 Write the sentence on the lines.
(絵に合う文を書きましょう。)

文の始めの文字は 大文字になるよ！

①  It is _____. （4語）

②  They are _____. （3語）

③  _____. （4語）

2つ以上の時に 変身する方法 その2

esレンジャーの場合‥‥

bus	⇒ bus**es**
dress	⇒ dress**es**
dish	⇒ dish**es**
peach	⇒ peach**es**
potato	⇒ potato**es**
box	⇒ box**es**

s, ss, sh, ch, o, x
で終わる言葉の後ろには、
es がつくんだよ！

 Write the word matching the picture on the lines.
(＿＿＿ に絵に合う言葉を書きましょう。)

①  bus ⇒

② 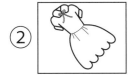 dress ⇒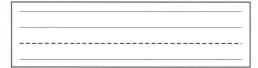

③ 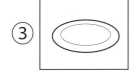 dish ⇒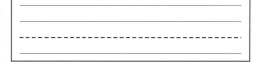

④ 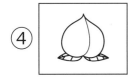 peach ⇒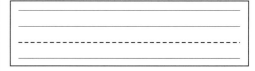

⑤ 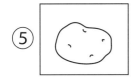 potato ⇒

⑥ box ⇒

 Challenge Write the sentence on the lines.
(絵に合う文を書きましょう。)

① _____. （4語）

② _____. （3語）

-9-

2つ以上の時に 変身する方法 その3

ies レンジャーの場合…

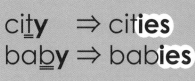

city ⇒ cit**ies**
baby ⇒ bab**ies**

yの前が母音でない時…

y を i に変えて、 es をつけるよ!

toy ⇒ toy**s**
key ⇒ key**s**

yの前が母音の時…

s をつけるだけ!

覚えて おこう! iesレンジャーは y の前が母音でない時だけ登場するよ!

 Write the word matching the picture on the lines.
(====== に絵に合う言葉を書きましょう。)

① 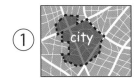 city ⇒ 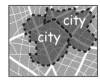 _____

②  baby ⇒ _____

③ 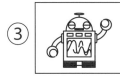 toy ⇒ _____

④ 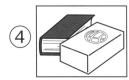 dictionary ⇒ _____

⑤ 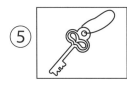 key ⇒ 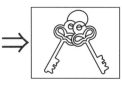 _____

---

iesレンジャー が登場する時は y の前が [   ] でない 時!

iesレンジャー が登場しない時は y の前が [   ] の時!

-10-

2つ以上の時に
**変身する方法
その4** ves

vesレンジャーの場合… (ばあい)

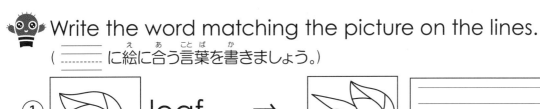

leaf ⇒ lea**ves**
knife ⇒ kni**ves**

f, feで終わる時… (お)(とき)

f, fe を ves に
変えるよ！ (か)

Write the word matching the picture on the lines.
(══ に絵に合う言葉を書きましょう。) (え)(あ)(ことば)(か)

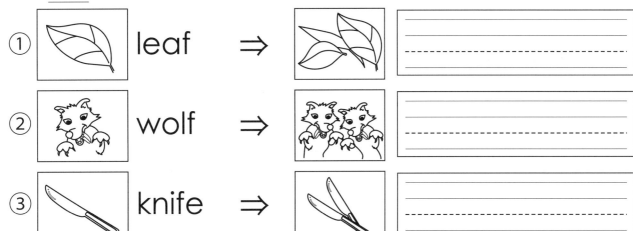

① leaf ⇒

② wolf ⇒

③ knife ⇒

Challenge

Write the sentence on the lines.
(絵に合う文を書きましょう。) (え)(あ)(ぶん)(か)

文の始めの文字は (ぶん)(はじ)(もじ)
大文字になるよ！ (おお)(も)(じ)

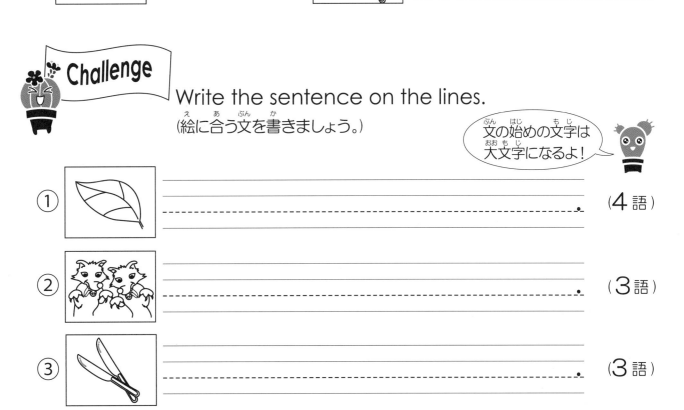

① ──────────── .（4語）

② ──────────── .（3語）

③ ──────────── .（3語）

いろいろレンジャーの場合…

child	⇒ **children**
man	⇒ **men**
woman	⇒ **women**
foot	⇒ **feet**
tooth	⇒ **teeth**
mouse	⇒ **mice**

数は少ないから
覚えてね！

 Write the word matching the picture on the lines.
(═══ に絵に合う言葉を書きましょう。)

①  child ⇒  ----------

②  man ⇒  ----------

③  woman ⇒ ----------

④ 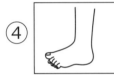 foot ⇒ ----------

⑤ 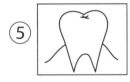 tooth ⇒ ----------

⑥  mouse ⇒ ----------

Challenge Write the sentence on the lines.
(絵に合う文を書きましょう。)

①  ---------- .（3語）

②  ---------- .（4語）

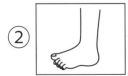

Write the sentence on the lines using the words in the ( ).

（（　）内のヒントの単語を使って、英語の文を完成させましょう。）

① それは犬です。(dog)

数に気をつけて！

It is

② それらはたまねぎです。(onion)

数に気をつけて！

They are

③ それは月です。(moon)

月は世界に1つ！

It is

④ それらはわにです。(alligator)

数に気をつけて！

They are

⑤ それはオレンジです。(orange)

数に気をつけて！

It is

⑥ それらはももです。(peach)

数に気をつけて！

They are

⑦ それは太陽です。(sun)

太陽は世界に1つ！

It is

⑧ それらはきゅうりです。(cucumber)

数に気をつけて！

They are

Section 3　Pronouns + *be* Verb

 Write the Japanese in the ( ).
（次の単語の意味を（　）に日本語で書きましょう。）

単数チーム

I　（　　　　　）
You（　　　　　）
He　（　　　　　）
She（　　　　　）
It　（　　　　　）

複数チーム

We　（　　　　　　）
You　（　　　　　　）
They（　　　　　　）
　　　（　　　　　　）
　　　（　　　　　　）

単数・・・1人 / 1つのこと
複数・・・2人 / 2つ以上のこと

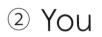 Write the missing *be* verbs (am / is / are) on the lines.
（ *be* 動詞を am / is / are から選んで ＿＿＿ に書きましょう。）

① I ＿＿＿＿＿＿＿＿＿＿

② You ＿＿＿＿＿＿＿＿＿

③ He ＿＿＿＿＿＿＿＿＿＿

④ She ＿＿＿＿＿＿＿＿＿

⑤ It ＿＿＿＿＿＿＿＿＿＿

⑥ We ＿＿＿＿＿＿＿＿＿＿

⑦ You ＿＿＿＿＿＿＿＿＿

⑧ They ＿＿＿＿＿＿＿＿＿

代名詞とbe動詞は
セットにして
絶対におぼえよう！

Write the sentence on the lines.

(━━━━ に日本語に合う英語の文を書きましょう。)

1人/1つの時は
その言葉の前に『何か』を
つけたよね？

① 私は生徒です。(student)
（ピリオドを入れて 5 語）

② あなたは歌手です。(singer)
（ピリオドを入れて 5 語）

③ 彼は医者です。(doctor)
（ピリオドを入れて 5 語）

④ 彼女は科学者です。(scientist)
（ピリオドを入れて 5 語）

⑤ それはゾウです。(elephant)
（ピリオドを入れて 5 語）

⑥ 私たちは友達です。(friend)

1人じゃないから気をつけて！
（ピリオドを入れて 4 語）

⑦ あなたたちは先生です。(teacher)

先生は1人じゃないよ！
（ピリオドを入れて 4 語）

⑧ 彼らは兄弟です。(brother)

兄弟は1人じゃないよ！
（ピリオドを入れて 4 語）

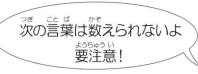

Write the sentence on the lines.
(_____ に日本語に合う英語を書きましょう。)

次の言葉は数えられないよ
要注意！

① 私はうれしいです。 (happy)　　　　　　　（ピリオドを入れて4語）

② あなたは背が高いです。 (tall)　　　　　　（ピリオドを入れて4語）

③ 彼は若いです。 (young)　　　　　　　　　（ピリオドを入れて4語）

④ 彼女は貧しいです。 (poor)　　　　　　　（ピリオドを入れて4語）

⑤ それは簡単です。 (easy)　　　　　　　　（ピリオドを入れて4語）

⑥ 私たちはお腹がいっぱいです。 (full)　　（ピリオドを入れて4語）

⑦ あなたたちは年をとっています。 (old)　（ピリオドを入れて4語）

⑧ 彼らはお腹が空いています。 (hungry)　（ピリオドを入れて4語）

 **Challenge** Write the sentence on the lines.
(⎓⎓⎓ に日本語に合う英語の文を書きましょう。)

① 彼は銀行員です。 (banker)

_____
- -
_____

② 彼女はかわいいです。 (cute)

_____
- -
_____

③ 私は怒っています。 (angry)

_____
- -
_____

④ 彼らはパイロットです。 (pilot)

_____
- -
_____

⑤ 私たちはお金持ちです。 (rich)

_____
- -
_____

⑥ あなたは忍者です。 (ninja)

_____
- -
_____

⑦ それは高いです。 (expensive)

_____
- -
_____

⑧ あなたたちは建築家です。 (architect)

_____
- -
_____

Rearrange the words to make a sentence.
（[ ]内の言葉を並べ替えて ＿＿＿ に正しい文を書きましょう。）

「not」の位置に
気をつけて！
be動詞の後ろだよ！

① 私は先生ではありません。

[not / am / a / I / teacher].

＿＿＿＿＿＿＿＿＿＿＿＿＿＿＿＿＿＿＿

② それはねずみではありません。

文の始めの文字は
大文字になるよ！

[it / not / a / is / mouse].

＿＿＿＿＿＿＿＿＿＿＿＿＿＿＿＿＿＿＿

③ 私たちはお腹がすいていません。

文の始めの文字は
大文字になるよ！

[not / are / hungry / we].

＿＿＿＿＿＿＿＿＿＿＿＿＿＿＿＿＿＿＿

④ 彼らはお金持ちではありません。

文の始めの文字は
大文字になるよ！

[rich / not / they / are].

＿＿＿＿＿＿＿＿＿＿＿＿＿＿＿＿＿＿＿

Challenge   Write the sentence on the lines.
（ ＿＿＿ に日本語に合う英語を書きましょう。）

① それはネコではありません。 (cat)   （ピリオドを入れて６語）

＿＿＿＿＿＿＿＿＿＿＿＿＿＿＿＿＿＿＿

② 彼女は悲しくありません。 (sad)   （ピリオドを入れて５語）

＿＿＿＿＿＿＿＿＿＿＿＿＿＿＿＿＿＿＿

Rearrange the words to make a sentence.

（[ ]内の言葉を並べ替えて ＝＝＝＝ に正しい文を書きましょう。）

疑問文の作り方
覚えてるかな？

① A: あなたは生徒ですか？

[you / student / a / are]?

B: はい、そうです。

[am / , / yes / I].

Yes や No の後に【 , 】がつくよ！
Yes,-----.　No,-----.

② A: 彼らはサッカー選手ですか？

[soccer / are / players / they]?

B: いいえ、ちがいます。

[they / , / no / are / not].

③ A: あなたたちはお腹がすいていますか？

[hungry / are / you]?

B: はい、そうです。

[are / yes / we / ,].

④ A: 彼は背が高いですか？

[he / is / tall]?

B: いいえ、ちがいます。

[is / no / he / , / not].

文のはじまりは
大文字だよね！

-19-

 Challenge Write the sentence on the lines.
（日本語に合う正しい英語の文を ＿＿＿ に書きましょう。）

文のはじまりは
大文字だよね！

① A: あなたは暑いですか？ （クエスチョンマークを入れて４語）

B: いいえ、ちがいます。 （ピリオドとカンマを入れて６語）

② A: 彼は消防士さんですか？ （クエスチョンマークを入れて５語）

B: はい、そうです。 （ピリオドとカンマを入れて５語）

③ A: 彼らはお腹がいっぱいですか？ （クエスチョンマークを入れて４語）

B: はい、そうです。 （ピリオドとカンマを入れて５語）

 Read the letter from Matt, and answer the questions.

（マットが書いた次の手紙を読んで、あとの問いに答えなさい。）

Dear Saki,

Hello Saki, how are you?

My name is Matt.

(1)[an / teacher / am / I / English].

My wife is Keiko.

(2)[彼女は看護師です].

Saki, (3)[　　　] you a student?

Your friend, Matt

★Dear : 親愛なる

① (1)が「私は英語の先生です。」という意味になるように、[　]の中のことばを並べかえましょう。

_____
- -
_____

② (2)の「彼女は看護師です。」という文章を英語で書きましょう。

＊ヒント　看護師＝nurse

_____
- -
_____

③ 「サキ、あなたは生徒ですか？」という文になるように、(3)にあてはまる英語を書きましょう。

_____
- -
_____

ここでは
動作を表わす言葉『動詞』に
ついて練習をするよ!

ルール　英語の文は下の順で作るって覚えているかな?

① だれが
（人や物を表わすことば）

② どうした
（動きを表わすことば）

③ なにを / どんなふうに
どこで / いつ / だれと
（①と②のことを、よりくわしく教えてくれることば）

④ ピリオド
（文の終わりの大切な記号）

【例】　[. / lunch / I / eat]

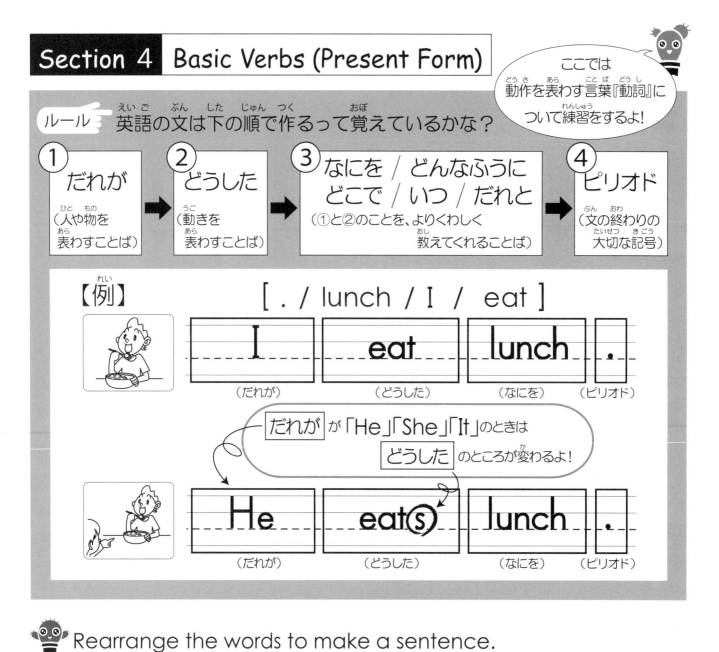

I　eat　lunch　.
（だれが）（どうした）（なにを）（ピリオド）

だれが が「He」「She」「It」のときは
どうした のところが変わるよ!

He　eats　lunch　.
（だれが）（どうした）（なにを）（ピリオド）

Rearrange the words to make a sentence.
（[ ]内の言葉を並べ替えて ＿＿＿ に正しい文を書きましょう。）

① [watches / . / TV / she]
（だれが）（どうした）（なにを）

② [birds / . / you / hear]
（だれが）（どうした）（なにが）

③ [he / in Japan / . / lives]
（だれが）（どうした）（どこに）

 Rearrange the words to make a sentence.

（[ ] の言葉を並べかえ正しい英語の文を ＿＿＿＿ に書きましょう。）

 文のはじまりは
大文字だよね！

① [studies / English / . / he]

② [she / a melon / gets / .]

③ [a letter / write / . / I]

④ [flies / it / in the garden / .]

⑤ [look at / the picture / . / we]

⑥ [they / soccer / play / .]

⑦ [like / . / you / apples]

⑧ [run / you / in the park / .]

She / He / It がやってくると次の3つのパターンに変身するんだよ!

1 "s" をつけるだけのパターン

【例】I run fast. ⇒ He runs fast.

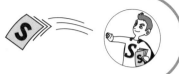

2 "es" つけるパターン

【例】I go to school. ⇒ She goes to school.

s, ss, sh, ch, o, x で終わる言葉の後ろには、es がつくんだよ!

覚えておこう! wash, catch なども es がつくんだよ!

3 "y" で終わる単語パターン

【例】I fly in the sky.
⇒ It flies in the sky.

注意
※ I play in the park.
⇒ It plays in the park.

"s" をつけるだけのものもあるよ!

Find the mistakes and make a ◯. Then write the correct words in the ( ). (間違えを見つけ◯で囲もう。そして、( )の中に正しい英語を書きましょう。)

① I likes vegetables.　　(　　　　)

② He make a castle.　　(　　　　)

③ She wash her hands.　(　　　　)

④ We flies in the sky　　(　　　　)

⑤ They goes to school.　(　　　　)

Choose the correct word from the ▮ and make a sentence using the words in ( ) on the lines. Then read the sentences.

（▮から動作を表す言葉を選び、(　)のヒントも使って日本語に合った英語の文を線の上に書きましょう。それから英語の文を声に出して読んでみましょう。)

① 彼はボールをとります。(a ball)

_____

----

② 彼女は傘を持って来ます。(an umbrella)

_____

----

③ 彼は算数の勉強をします。(math)

_____

----

④ 彼女は犬を洗います。(her dog)

_____

----

⑤ 彼は地図を見せます。(a map)

_____

----

⑥ 彼女は自転車にのります。(a bike)

_____

| wash | bring | catch |
| study | ride | show |

Section 5 　Review Basic Verbs

Choose the correct word from the ▨ and write it on the lines.
（絵に合う動作を▨から選び、線の上に書いてみましょう。）

①  りょうり 料理する

②  き 切る

③  お 押す

④  の 飲む

⑤  と 捕る

⑥  た 食べる

⑦  はし 走る

⑧  ある 歩く

⑨  ひら 開く

⑩  ひ 引く

⑪  し 閉める

⑫ 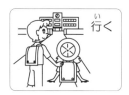 い 行く

catch	pull	eat	push
open	close	drink	cut
cook	run	walk	go

-26-

Choose the correct word from the ▓ and write it on the lines.
（絵に合う動作を▓から選び、線の上に書いてみましょう。）

①
すわ
座る

②
つ
摘む

③
さわ
触る

④
うた
歌う

⑤
のぼ
登る

⑥
す
好き

⑦
よ
読む

⑧
う
売る

⑨
つく
作る

⑩
み
見る

⑪
と あ
跳び上がる

⑫
お
置く

climb	like	pick	sell
jump	make	put	touch
sit	look	sing	read

Write the correct form in the (   ) according to the example.
（例にならって次の（　）の中に正しい変身パターンを書きましょう。）

【例】

① touch (touches)　② sell　(   )

③ climb (   )　④ pull　(   )

⑤ walk　(   )　⑥ run　(   )

⑦ push　(   )　⑧ cut　(   )

⑨ catch (   )　⑩ sing　(   )

⑪ open (   )　⑫ put　(   )

⑬ read　(   )　⑭ close (   )

⑮ sit　(   )　⑯ make(   )

⑰ eat　(   )　⑱ drink (   )

⑲ cook (   )　⑳ go　(   )

㉑ like　(   )　㉒ jump (   )

㉓ pick　(   )　㉔ look　(   )

Challenge Write the sentence on the lines, using "she, he or they" to complete the sentence.

(絵に合うよう"she, he, they"を使って、それぞれの英語の文を完成させましょう。)

① _____ to school.

② _____ lunch.

③ _____ a flower.

④ _____ at the picture.

⑤ _____ on the bed.

⑥ _____ dolls.

⑦ _____ water.

⑧ _____ in the kitchen.

Choose the correct word from the ▮ and write it on the lines.

（絵に合う動作を▮から選び、線の上に書いてみましょう。）

①
弾く

②
持っている

③
書く

④
寝る

⑤
聞く

⑥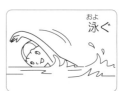
泳ぐ

⑦
描く

⑧
移動する

⑨
投げる

⑩
乗る

⑪
飛ぶ

⑫
勉強する

sleep	throw	listen	write
swim	have	play	fly
move	draw	study	ride

Choose the correct word from the ▢ and write it on the lines.
（絵に合う動作を▢から選び、線の上に書いてみましょう。）

①  話す

_____
- - - - - - - - - - - - - - - - - - - -
_____

②  買う

_____
- - - - - - - - - - - - - - - - - - - -
_____

③  泣く

_____
- - - - - - - - - - - - - - - - - - - -
_____

④  言う

_____
- - - - - - - - - - - - - - - - - - - -
_____

⑤  欲しい

_____
- - - - - - - - - - - - - - - - - - - -
_____

⑥  語る

_____
- - - - - - - - - - - - - - - - - - - -
_____

⑦  じっとみる

_____
- - - - - - - - - - - - - - - - - - - -
_____

⑧  洗う

_____
- - - - - - - - - - - - - - - - - - - -
_____

⑨  住む

_____
- - - - - - - - - - - - - - - - - - - -
_____

⑩  教える

_____
- - - - - - - - - - - - - - - - - - - -
_____

⑪  来る

_____
- - - - - - - - - - - - - - - - - - - -
_____

⑫  立つ

_____
- - - - - - - - - - - - - - - - - - - -
_____

stand	come	teach	watch
wash	live	want	cry
buy	speak	tell	say

Write the correct form in the (   ) according to the example.
（例にならって次の（　）の中に正しい変身パターンを書きましょう。）

【例】

① listen (listens) ② fly (   )

③ cry (   ) ④ stand (   )

⑤ study (   ) ⑥ watch (   )

⑦ draw (   ) ⑧ move (   )

⑨ want (   ) ⑩ have (   )
※Grammar 3 で「とくべつ」な形に変身したね。
覚えているかな？

⑪ live (   ) ⑫ come (   )

⑬ sleep (   ) ⑭ say (   )

⑮ tell (   ) ⑯ buy (   )

⑰ throw (   ) ⑱ write (   )

⑲ swim (   ) ⑳ play (   )

㉑ ride (   ) ㉒ teach (   )

㉓ wash (   ) ㉔ speak (   )

Write the sentence on the lines, using "she, he or they" to complete the sentence.

（絵に合うよう"she, he, they"を使って、それぞれの英語の文を完成させましょう。）

① _____ a pretty dress.

② _____ the piano.

③ _____ English.

④ _____ Chinese.

⑤ _____ a letter.

⑥ _____ their hands.

⑦ _____ a bike.

⑧ _____ in the sea.

Choose the correct word from the ▓and write it on the lines.
（絵に合う動作を▓から選び、線の上に書いてみましょう。）

①  使う

②  会う

③  連れて行く

④  笑う

⑤  忘れる

⑥  習う

⑦  あげる

⑧  手伝う

⑨  待つ

⑩  聞こえる

⑪  送る

⑫  考える

give	laugh	send	wait
hear	meet	forget	learn
help	use	think	take

Choose the correct word from the ▮ and write it on the lines.

（絵に合う動作を ▮ から選び、線の上に書いてみましょう。）

①  始（はじ）める

②  感（かん）じる

③  見（み）せる

④  失（な）くす

⑤  持（も）ってくる

⑥  見（み）つける

⑦  話（はなし）をする

⑧  手（て）に入（い）れる

⑨  掃除（そうじ）する

⑩  終（お）わらせる

⑪  見（み）える

⑫  知（し）っている

begin	get	know	see
bring	find	lose	talk
feel	finish	clean	show

Write the correct form in the ( ) according to the example.
（例にならって次の（ ）の中に正しい変身パターンを書きましょう。）

【例】

① lose (loses)　② find ( )

③ hear ( )　④ send ( )

⑤ get ( )　⑥ finish ( )

⑦ learn ( )　⑧ meet ( )

⑨ begin ( )　⑩ feel ( )

⑪ think ( )　⑫ wait ( )

⑬ see ( )　⑭ take ( )

⑮ laugh ( )　⑯ forget ( )

⑰ give ( )　⑱ help ( )

⑲ use ( )　⑳ know ( )

㉑ bring ( )　㉒ talk ( )

㉓ clean ( )　㉔ show ( )

Write the sentence on the lines, using "she, he or they" to complete the sentence.

（絵に合うよう"she, he, they"を使って、それぞれの英語の文を完成させましょう。）

① _____ a melon.

② _____ her room.

③ _____ glue.

④ _____ umbrellas.

⑤ _____ about a movie.

⑥ _____ a map.

⑦ _____ him.

⑧ _____ her mother.

Choose the correct word from the ▮ and write it on the lines.

（絵に合う動作を▮から選び、線の上に書いてみましょう。）

①  はこ 運ぶ

_____

- -

②  でんわ 電話をする

_____

- -

③  うんてん 運転する

_____

- -

④  たの 楽しむ

_____

- -

⑤  とうちゃく 到着する

_____

- -

⑥  かぞ 数える

_____

- -

⑦  けがをする

_____

- -

⑧  ～になる

_____

- -

⑨  お 落ちる

_____

- -

⑩  えら 選ぶ

_____

- -

⑪  おとず 訪れる

_____

- -

⑫  き 決める

_____

- -

enjoy	visit	fall	call
choose	count	drive	hurt
arrive	decide	become	carry

Choose the correct word from the ▨ and write it on the lines.

（絵に合う動作を ▨ から選び、線の上に書いてみましょう。）

① 打(う)つ

② 去(さ)る

③ 壊(こわ)す

④ 招待(しょうたい)する

⑤ 建(た)てる

⑥ 成長(せいちょう)する

| invite | hit | leave | break |
| grow | build | | |

Write any five verbs you like on the lines.

（好(す)きな動作(どうさ)を表(あらわ)す言葉(ことば)を5つ書(か)きましょう。）

Write the correct form in the ( ) according to the exanple.
(例にならって次の（　）の中に正しい変身パターンを書きましょう。)

【例】

① hurt 　　（ hurts 　） ② fall 　　（　　　　　）

③ call 　　（　　　　　） ④ visit 　（　　　　　）

⑤ enjoy 　（　　　　　） ⑥ leave 　（　　　　　）

⑦ break 　（　　　　　） ⑧ choose（　　　　　）

⑨ build 　（　　　　　） ⑩ invite 　（　　　　　）

⑪ become（　　　　　） ⑫ hit 　　（　　　　　）

⑬ grow 　（　　　　　） ⑭ decide（　　　　　）

⑮ arrive 　（　　　　　） ⑯ count 　（　　　　　）

⑰ carry 　（　　　　　） ⑱ drive 　（　　　　　）

Challenge

Make sentences on your own using the following pronouns.

（次の代名詞を使って、自由に英語の文を作ってみましょう。）

① I

② You

③ He

④ She

⑤ It

⑥ We

⑦ You

⑧ They

Match the English sentences to the pictures.
（英語の文に合った絵を選んで線で結びましょう。）

Grammar6
からの新しい動詞だよ!
覚えてね!

① I **believe** in aliens.　•

（賛成する）

② He **practices** basketball.　•

（練習する）

③ They **agree** with you.　•

（信じる）

④ I **collect** stamps.　•

（わける）

⑤ We **share** this cake.　•

（ほほえむ）

⑥ Let's **smile** together!　•

（集める）

Choose the correct word form the ▨ and write it on the lines. Then read the sentences.
（日本語に合わせて▨から動作を表す言葉を選び線の上に書きましょう。それから英語の文を声に出して読んでみましょう。）

① 私はあなたに**賛成します**。

I ＿＿＿＿＿＿＿ with you.

② 私たちは毎日野球の**練習をします**。

We ＿＿＿＿＿＿＿ baseball every day.

③ 食糧を**分けま**しょう！

Let's ＿＿＿＿＿＿＿ the food!

④ 彼らはその物語を**信じています**。

They ＿＿＿＿＿＿＿ the story.

⑤ 彼女は毎日**ほほえんでいます**。

She ＿＿＿＿＿＿＿ every day.

⑥ 彼はカブトムシを**集めています**。

He ＿＿＿＿＿＿＿ beetles.

"〜s" が
つく言葉があるね。
なぜついているのか
考えてね！

| believe | collects | agree |
| share | smiles | practice |

Match the English sentences to the pictures.
（英語の文に合った絵を選んで線で結びましょう。）

Grammar 6
からの新しい動詞だよ！
覚えてね！

① May I **borrow** your textbook? •

（答える）

② I **answer** the question. •

（覚える・思い出す）

③ Don't **shout** at me! •

（借りる）

④ I **dry** my towel. •

（叫ぶ）

⑤ I **spend** a lot of time finishing the puzzle. •

（乾かす）

⑥ I don't **remember** you.. •

（費やす・使う）

Choose the correct word from the ▨ and write it on the lines.
Then read the sentences.
（日本語に合わせて▨から動作を表す言葉を選び線の上に書きましょう。それから英語の文を
声に出して読んでみましょう。）

① その質問に**答えて**下さい。

Please _____ the question.

② 私はその話を**覚えています**。

I _____ the story.

③ あなたの消しゴムを**借りて**もよいですか？

May I _____ your eraser?

④ 私は毎晩私の髪の毛を**乾かします**。

I _____ my hair every night.

⑤ **叫ば**ないで！うるさいわ！

Don't _____ ! You're too loud!

⑥ 彼は勉強にたくさんの時間を**費やします**。

He _____ a lot of time studying.

"〜s" が
つく言葉があるね。
なぜついているのか
考えてね！

dry	remember	spends
shout	answer	borrow

-45-

Match the English sentences to the pictures.
（英語の文に合った絵を選んで線で結びましょう。）

① Seasons **change** in Japan. •

•
（質問する）

② May I **ask** you a question? •

•
（ふる・ゆする）

③ I **shut** the door. •

•
（変える・変わる）

④ Let's **shake** hands. •

•
（閉める）

⑤ I **stay** at the library. •

•
（ついてくる）

⑥ Please **follow** me. •

•
（滞在する・泊まる）

-46-

Choose the correct word from the ▮ and write it on the lines. Then read the sentences.

(日本語に合わせて▮から動作を表す言葉を選び線の上に書きましょう。それから英語の文を声に出して読んでみましょう。)

① 1つ質問をしてもよろしいでしょうか?

May I _____ you a question?

② 強い風のせいで私の家が揺れます。

My house _____ in the strong wind.

③ 音楽を変えましょう!

Let's _____ the music!

④ ドアを閉めて下さい。

Please _____ the door.

⑤ 私についてきて下さい。

Please _____ me.

⑥ 彼女は毎週末私の家に泊まります。

She _____ at my house every weekend.

change	follow	ask
shut	shakes	stays

"〜s" がつく言葉があるね。なぜついているのか考えてね!

-47-

Match the English sentences to the pictures.
（英語の文に合った絵を選んで線で結びましょう。）

Grammar 6
からの新しい動詞だよ！
覚えてね！

① Don't **waste** your food. •

（持つ・つかむ）

② I **hold** my mother's arm. •

（挑戦する）

③ I **work** every day. •

（保つ・持つ・守る）

④ **Pass** me the salt, please. •

（無駄にする）

⑤ I **try** to bungee jump. •

（わたす・通り過ぎる）

⑥ I **keep** my teddy bear. •

（働く）

Choose the correct word from the ▨ and write it on the lines.
Then read the sentences.

(日本語に合わせて▨から動作を表す言葉を選び線の上に書きましょう。それから英語の文を
声に出して読んでみましょう。)

① お箸を**持って**下さい。

Please ＿＿＿＿＿＿＿＿＿ your chopsticks.

② 私は毎日走る**挑戦をしています**。

I ＿＿＿＿＿＿＿＿＿ to run every day.

③ あなたの時間を**無駄にし**ないで。

Don't ＿＿＿＿＿＿＿＿＿ your time.

④ 私たちの秘密を**守って**下さい。

Please ＿＿＿＿＿＿＿＿＿ our secret.

⑤ 私たちは京都駅を**通過します**。

We ＿＿＿＿＿＿＿＿＿ through Kyoto station.

⑥ 彼は毎日一生懸命**働きます**。

He ＿＿＿＿＿＿＿＿＿ very hard every day.

try	pass	keep
hold	works	waste

"〜s" が
つく言葉があるね。
なぜついているのか
考えてね！

-49-

 Match the English sentences to the pictures.
(英語の文に合った絵を選んで線で結びましょう。)

Grammar6
からの新しい動詞だよ！
覚えてね！

① We **need** onions. •

（かくす・かくれる）

② Let's **hide** behind the box. •

（参加する）

③ We **travel** the world. •

（必要とする）

④ Let's **join** the soccer club! •

（旅行する）

⑤ I **win** the contest. •

（起きる）

⑥ I **wake** up at 7 o'clock. •

（勝つ）

-50-

Choose the correct word from the ▨ and write it on the lines. Then read the sentences.

(日本語に合わせて▨から動作を表す言葉を選び線の上に書きましょう。それから英語の文を声に出して読んでみましょう。)

① 私は本の中にお金を**かくします**。

I ＿＿＿＿＿＿＿＿ my money in the book.

② 私たちは毎年日本を**旅行します**。

We ＿＿＿＿＿＿＿＿ to Japan every year.

③ 私たちのチームに**参加して**下さい。

Please ＿＿＿＿＿＿＿＿ our team.

④ 私は毎朝7時に**起きます**。

I ＿＿＿＿＿＿＿＿ up at 7 o'clock every morning.

⑤ 彼はあなたの助けが**必要です**。

He ＿＿＿＿＿＿＿＿ your help.

⑥ 彼女はいつも試合に**勝ちます**。

She ＿＿＿＿＿＿＿＿ the game all the time.

| join | needs | hide |
| wins | wake | travel |

"〜s" がつく言葉があるね。なぜついているのか考えてね!

-51-

Match the English sentences to the pictures.
（英語の文に合った絵を選んで線で結びましょう。）

Grammar 6
からの新しい動詞だよ！
覚えてね！

① I **understand** the story. •

•
（望む）

② I **hope** to be a winner. •

•
（理解する）

③ I **worry** about the test. •

•
（愛する）

④ I **pay** with money. •

•
（着る）

⑤ I **wear** a jacket. •

•
（支払う）

⑥ I **love** my family. •

•
（心配する）

Choose the correct word from the ▊ and write it on the lines. Then read the sentences.

（日本語に合わせて▊から動作を表す言葉を選び線の上に書ましょう。それから英語の文を声に出して読んでみましょう。）

① 平和を**望みます**。

I ＿＿＿＿＿＿＿＿＿＿＿ for peace.

② 私のことは**心配し**ないで！

Don't ＿＿＿＿＿＿＿＿＿ about me!

③ 私たちはその問題を**理解しています**。

We ＿＿＿＿＿＿＿＿＿ the problem.

④ 私はお金を**支払います**。

I ＿＿＿＿＿＿＿＿＿＿＿ with money.

⑤ 私はクラシック音楽を**大好きです**(愛しています)。

I ＿＿＿＿＿＿＿＿＿ classical music.

⑥ 彼女は毎日高い服を**着ています**。

She ＿＿＿＿＿＿＿＿＿ expensive dresses

every day.

love	wears	worry
hope	understand	pay

"〜s"が
つく言葉があるね。
なぜついているのか
考えてね！

-53-

Section 7　How to Make Questions & Answers (Present Form)

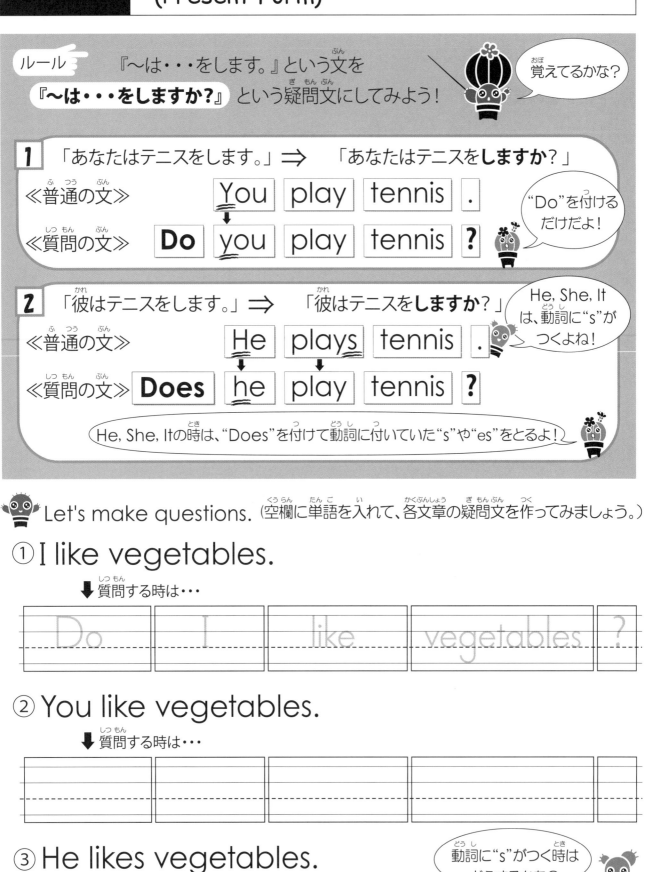

ルール 『～は・・・をします。』という文を
『～は・・・をしますか?』という疑問文にしてみよう!

覚えてるかな?

1 「あなたはテニスをします。」⇒ 「あなたはテニスを**します**か?」

≪普通の文≫ | You | play | tennis | . |

≪質問の文≫ | **Do** | you | play | tennis | ? |

"Do"を付けるだけだよ!

2 「彼はテニスをします。」⇒ 「彼はテニスを**します**か?」

≪普通の文≫ | He | plays | tennis | . |

≪質問の文≫ | **Does** | he | play | tennis | ? |

He, She, Itは、動詞に"s"がつくよね!

He, She, Itの時は、"Does"を付けて動詞に付いていた"s"や"es"をとるよ!

Let's make questions. (空欄に単語を入れて、各文章の疑問文を作ってみましょう。)

① I like vegetables.

↓ 質問する時は・・・

| Do | I | like | vegetables | ? |

② You like vegetables.

↓ 質問する時は・・・

| | | | | |

③ He likes vegetables.

↓ 質問する時は・・・

動詞に"s"がつく時はどうするかな?

| | | | | |

Let's make questions.

（空欄に単語を入れて、各文章の疑問文を作ってみましょう。）

① She likes vegetables.
↓ 質問する時は・・・

② It likes vegetables.
↓ 質問する時は・・・

③ Chris likes vegetables.
↓ 質問する時は・・・

④ We like vegetables.
↓ 質問する時は・・・

⑤ You like vegetables.
↓ 質問する時は・・・

⑥ They like vegetables.
↓ 質問する時は・・・

ルール 『**はい、します。**』 または 『**いいえ、しません。**』 という
答えの文を作ってみよう！

"Do"で聞かれたら
"do"で答えるよ！

1

≪質問の文≫ | Do | you | play | tennis | ? |

≪答えの文≫

| Yes | , | I | do | . |

「いいえ、しません。」と答える時： | No | , | I | don't | . |

※短縮形 don't = do not

he, she, it の時は
"Does"を使うよ！

2 「彼はテニスをしますか？」

≪質問の文≫ | Does | he | play | tennis | ? |

≪答えの文≫

「はい、します。」と答える時： | Yes | , | he | does | . |

「いいえ、しません。」と答える時： | No | , | he | doesn't | . |

※短縮形 doesn't = does not

カンマやピリオドは
とても大切。
忘れないでね！

Write the correct words on the lines.
（＿＿＿＿に正しい英語を入れて、答えの文を完成させましょう。）

① Do you like apples? （あなたはリンゴが好きですか？）

⇒ Yes, I ＿＿＿＿＿＿＿＿＿＿ ＿. （はい、好きです。）

② Do you like dogs? （あなたは犬が好きですか？）

⇒ No, I ＿＿＿＿＿＿＿＿＿＿ ＿. （いいえ、好きではありません。）

カンマやピリオドを忘れないでね！

① Does he like melons?　　　　　（彼はメロンが好きですか？）

⇒ Yes, he _____　　（はい、好きです。）

② Does she like cats?　　　　　（彼女はネコが好きですか？）

⇒ No, she _____　　（いいえ、好きではありません。）

③ Do you watch TV?　　　　　（あなたはテレビを観ますか？）

⇒ _____　　（はい、観ます。）

④ Do they enjoy soccer?　　　　　（彼らはサッカーを楽しみますか？）

⇒ _____　　（いいえ、楽しみません。）

⑤ Does he cry?　　　　　（彼は泣きますか？）

⇒ _____　　（はい、泣きます。）

⑥ Does it fly?　　　　　（それは飛びますか？）

⇒ _____　　（いいえ、飛びません。）

⑦ Do they climb Mt. Fuji?　　　　　（彼らは富士山を登りますか？）

⇒ _____　　（はい、登ります。）

Complete the questions by adding the correct question word and choosing the correct verb from the ■.

（質問の時に必要な英語と、下の ■ から選んだ動詞を、＝＝＝の上に書いて文を完成させましょう。）

① 彼はドアを開けますか?

―――――――――― he ―――――――――― the door?

② 私たちはボールを投げますか?

―――――――――― we ―――――――――― a ball?

③ あなたはあなたのおじいちゃんを訪ねますか?

―――――――――― you ―――――――――― your grandfather?

④ 彼女は素敵なドレスを着ますか?

―――――――――― she ―――――――――― a nice dress?

⑤ 彼らはテニスを楽しみますか?

―――――――――― they ―――――――――― tennis?

⑥ けい君はあの女性を知っていますか?

―――――――――― Kei ―――――――――― that woman?

⑦ あなたもそう思いますか?

―――――――――― you ―――――――――― so, too?

この中には
1つ使わない
単語があるよ!
どれかな?

enjoy	visit	open	wear
think	throw	tell	know

使わなかったことば

Complete the questions by adding the correct question word and choosing the correct verb from the ▮.

(質問の時に必要な英語と、下の▮から選んだ動詞を、＿＿の上に書いて文を完成させましょう。)

① あなたは「こんにちは。」と言いますか？

＿＿＿＿＿ you ＿＿＿＿＿ hello?

② 彼はホテルに泊まりますか？

＿＿＿＿＿ he ＿＿＿＿＿ at the hotel?

③ 彼らは毎朝6時に起きますか？

＿＿＿＿＿ they ＿＿＿＿＿ up at 6 every morning?

④ 彼女は彼女の犬が大好きですか？

＿＿＿＿＿ she ＿＿＿＿＿ her dog?

⑤ 私たちは授業を始めますか？

＿＿＿＿＿ we ＿＿＿＿＿ the lesson?

⑥ ハンナ (Hanna) は質問をしますか？

＿＿＿＿＿ Hanna ＿＿＿＿＿ a question?

⑦ あなたは英語を話しますか？

＿＿＿＿＿ you ＿＿＿＿＿ English?

この中には1つ使わない単語があるよ！どれかな？

stay	speak	read	love
ask	begin	say	wake

使わなかったことば

-59-

Complete the sentences to make a conversation.
（次の会話が成り立つように、＿＿＿に正しい英語を書きましょう。）

「質問で使われることば」と
「答えで使われることば」には
つながりがあるよ！

① A: ＿＿＿＿＿ you play the piano?

　 B: Yes, I ＿＿＿＿＿.

② A: ＿＿＿＿＿ he sit on the sofa?

　 B: No, he ＿＿＿＿＿.

③ A: ＿＿＿＿＿ ＿＿＿＿＿ teach Japanese?

　 B: ＿＿＿＿＿, I do.

④ A: ＿＿＿＿＿ ＿＿＿＿＿ work every day?

　 B: ＿＿＿＿＿, she doesn't.

⑤ A: ＿＿＿＿＿ ＿＿＿＿＿ try every day?

　 B: ＿＿＿＿＿, we do.

⑥ A: ＿＿＿＿＿ ＿＿＿＿＿ laugh at the TV?

　 B: ＿＿＿＿＿, they don't.

Complete the sentences using the words in the ■.

(■ の中の英語を使って、日本語にあわせて英語の文を作りましょう。ただし、■ の中には使わない英語が3つあります。)

① 彼は教科書を持ってきますか?

いいえ、持ってきません。

カンマやピリオドを忘れないでね!

② Patrick (パトリック)は彼の友達を招待しますか?

はい、招待します。

③ 彼らは試合に勝ちますか?

はい、勝ちます。

bring	brings	a textbook
invites	invite	his friend
wins	win	the game

Section 8 — How to Make a Sentence (Present Negative Form)

ルール 『～は・・・をします。』という文を
『～は・・・をしません。』という否定の文にしてみよう！

覚えてるかな？

1 「あなたはテニスをします。」 ⇒ 「あなたはテニスを**しません**。」

≪普通の文≫ You ｜ play ｜ tennis ｜ .

≪否定の文≫ You ｜ **don't** ｜ play ｜ tennis ｜ .

"don't"や"doesn't"は動詞の前に付くよ！

2 「彼はテニスをします。」 ⇒ 「彼はテニスを**しません**。」

He, She, It は、動詞に"s"がつくよね！

≪普通の文≫ He ｜ plays ｜ tennis ｜ .

≪否定の文≫ He ｜ **doesn't** ｜ play ｜ tennis ｜ .

He, She, Itの時 "doesn't"を付けて動詞に付いていた"s"や"es"をとるよ！

Let's make negative sentences.
（空欄に単語を入れて、各文章の否定の文を作ってみましょう。）

① I like vegetables.

↓否定の文にすると・・・

I ｜ don't ｜ like ｜ vegetables ｜ .

② You like vegetables.

↓否定の文にすると・・・

③ He likes vegetables.

↓否定の文にすると・・・

-62-

Let's make negative sentences.
(各文章の否定の文を作ってみましょう。)

① She likes vegetables.

動詞に"s"がつく時はどうするかな？

↓否定の文にすると・・・

② It likes vegetables.

↓否定の文にすると・・・

③ Chris likes vegetables.

↓否定の文にすると・・・

④ We like vegetables.

↓否定の文にすると・・・

⑤ You like vegetables.

↓否定の文にすると・・・

⑥ They like vegetables.

↓否定の文にすると・・・

Write the correct words on the lines.

（ ===== に正しい英語を入れて、否定の文を作りましょう。）

① 私は写真を撮りません。

I _____ take a picture.

② 彼はテーブルの上には座りません。

He _____ sit on the table.

③ 彼女は家を建てません。

She _____ build a house.

④ 私たちはアーティストにはなりません。

We _____ become artists.

⑤ 彼らは花を育てません。

They _____ grow flowers.

⑥ ユナはその質問に答えません。

Yuna _____ answer the question.

⑦ あなたは答えを見つけません。

You _____ find the answer.

⑧ ケンとジムは魚を食べません。

名前が2人分だから・・・？

Ken and Jim _____ eat fish.

Challenge　Complete the sentences using the words
in the ▇.

（▇の中_{なか}の英語_{えいご}を使_{つか}って、日本語_{にほんご}にあわせて英語_{えいご}の文_{ぶん}を作_{つく}りましょう。）

カンマやピリオドを
忘_{わす}れないでね！

① 彼_{かれ}はバスケットボールの練習_{れんしゅう}をしません。

② 私_{わたし}は彼女_{かのじょ}の本_{ほん}をかりていません。

③ 彼_{かれ}らは私_{わたし}についてきません。

④ 彼女_{かのじょ}は今日_{きょう}、働_{はたら}きません。

⑤ 私_{わたし}たちは冬_{ふゆ}に、旅行_{りょこう}をしません。

⑥ あなたはジャケットを着_きません。

basketball	wear	travel	today
practice	borrow	her book	me
follow	a jacket	work	in the winter

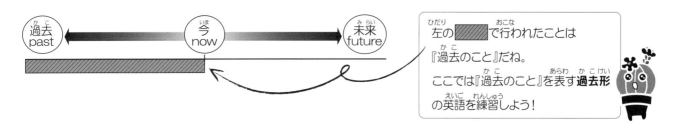

過去 past ← 今 now → 未来 future

左の ▨▨▨ で行われたことは
『過去のこと』だね。
ここでは『過去のこと』を表す**過去形**
の英語を練習しよう！

Say it! Read the sentences and fill in the correct Japanese in the ☐.
（下の英語の文を声を出して読み、☐ に正しい日本語を書きましょう。）

① I <u>cooked</u> **yesterday**.

（私は ☐ 料理をしました。）

② I <u>moved</u> the furniture **last month**.

（私は家具を ☐ 移動しました。）

③ I <u>cried</u> **last week**.

（私は ☐ 泣きました。）

④ I <u>studied</u> math **last year**.

（私は ☐ 数学を勉強しました。）

⑤ I <u>lived</u> in France **2 years ago**.

（私は ☐ フランスに住んでいました。）

⑥ I <u>played</u> tennis **1 month ago**.

（私は ☐ にテニスをしました。）

Choose the correct words from the ▨ and write them on the lines. （正しい英語を、下の ▨ から選び、══ の上に書きましょう。）

① きのう

_____

----

② 1ヶ月前

_____

----

③ 2日前

_____

----

④ 去年

_____

----

⑤ 先月

_____

----

⑥ 10年前

_____

----

⑦ 先週

_____

----

⑧ きのうの夜

_____

----

⑨ 先週の月曜日

_____

----

⑩ 1時間前

_____

----

yesterday	last night	last Monday
last week	ten years ago	last year
one hour ago	last month	two days ago
one month ago		

次のページからは僕たちが登場するよ！
動詞(動きを表わす言葉)のきそく・ふきそく変化を
復習していこう！

-67-

僕の名前は「きそく君」です。
僕の変身は3種類しかないんだ。
一緒に練習して覚えよう!

Write the correct verbs on the lines and write the Japanese in the ( ).

（次の ＝＝＝ に正しく変身させた英語を書き、（ ）に意味を日本語で書きましょう。）

変身その1 『ed』を付けるだけ!

日本語

cook （料理する） ⟶ cooked （料理した）

help （手伝う） ⟶ _____ （   ）

open （開ける） ⟶ _____ （   ）

play （遊ぶ） ⟶ _____ （   ）
母音

stay （滞在する） ⟶ _____ （   ）
母音

『y』で終わる動詞は、本当は**変身その3**の形なのに**変身その1**を使う特別な変身があるよ。

『y』の前の文字次第で**変身その1**を使うよ!

『y』の前が母音なら、『ed』を付けるだけでOKなんだね!

【例】 p l a y

① 『y』で終わって

② 『y』の前が母音の時

Write the correct verbs on the lines and write the Japanese in the ( ).

（次の ══ に正しく変身させた英語を書き、( )に意味を日本語で書きましょう。）

変身その2 『e』で終わる動詞には『d』を付けるだけ!

日本語

close （閉める） ➡ ＿＿＿＿＿＿＿ ( )

move （移動する） ➡ ＿＿＿＿＿＿＿ ( )

live （住む） ➡ ＿＿＿＿＿＿＿ ( )

love （愛する） ➡ ＿＿＿＿＿＿＿ ( )

change （変わる） ➡ ＿＿＿＿＿＿＿ ( )

変身その3

『y』の前が子音だと、『y』を『i』に変えて『ed』を付けるんだね!

ied

【例】 c r y

① 『y』で終わって

② 『y』の前が子音の時

日本語

cry （泣く） ➡ ＿＿＿＿＿＿＿ ( )
子音

study （勉強する） ➡ ＿＿＿＿＿＿＿ ( )
子音

『子音』は『母音』以外の文字のことだよ!

Change all the verbs to the past tense, and write them on the lines. Then, write the meaning in Japanese.

（動詞を過去形にして ‗‗‗‗ の上に書きましょう。また意味を日本語で書きましょう。）

過去形　　　　　　　　　　　　　　　　日本語

① cook _____ ➡ (　　　　　　)

② decide _____ ➡ (　　　　　　)

③ study _____ ➡ (　　　　　　)

④ play _____ ➡ (　　　　　　)

⑤ count _____ ➡ (　　　　　　)

⑥ finish _____ ➡ (　　　　　　)

⑦ close _____ ➡ (　　　　　　)

⑧ carry _____ ➡ (　　　　　　)

⑨ look _____ ➡ (　　　　　　)

⑩ stay _____ ➡ (　　　　　　)

⑪ talk _____ ➡ (　　　　　　)

⑫ try _____ ➡ (　　　　　　)

Change all the verbs to the past tense, and write them on the lines. Then, write the meaning in Japanese.
（次の文の（　）内の英語を過去の形になおして ===== の上に書きましょう。また、＿＿ の上に文の意味を日本語で書きましょう。）

① He ＿＿＿＿＿＿＿ with his friends yesterday.

(talk)　　日本語：＿＿＿＿＿＿＿＿＿＿＿＿＿＿

② Tom ＿＿＿＿＿＿＿ basketball on TV last week.

(watch)　　日本語：＿＿＿＿＿＿＿＿＿＿＿＿

③ She ＿＿＿＿＿＿＿ two notebooks yesterday.

(need)　　日本語：＿＿＿＿＿＿＿＿＿＿＿＿＿

④ Akiko ＿＿＿＿＿＿＿ China last month.

(visit)　　日本語：＿＿＿＿＿＿＿＿＿＿＿＿＿

⑤ I ＿＿＿＿＿＿＿ to London three years ago.

(move)　　日本語：＿＿＿＿＿＿＿＿＿＿＿＿＿

⑥ They ＿＿＿＿＿＿＿ their room last night.

(clean)　　日本語：＿＿＿＿＿＿＿＿＿＿＿＿

⑦ We ＿＿＿＿＿＿＿ a sofa last year.

(carry)　　日本語：＿＿＿＿＿＿＿＿＿＿＿＿＿

⑧ My dog ＿＿＿＿＿＿＿ with me this morning.

(play)　　日本語：＿＿＿＿＿＿＿＿＿＿＿＿＿

「ふきそくチャン」の復習

私の名前は「ふきそくちゃん」です。
私は変身したり、しなかったり、
色々な形があるから大変よ！

Read the words and write the Japanese in the (　).
（英語を読み、（　）に意味を日本語で書きましょう。）

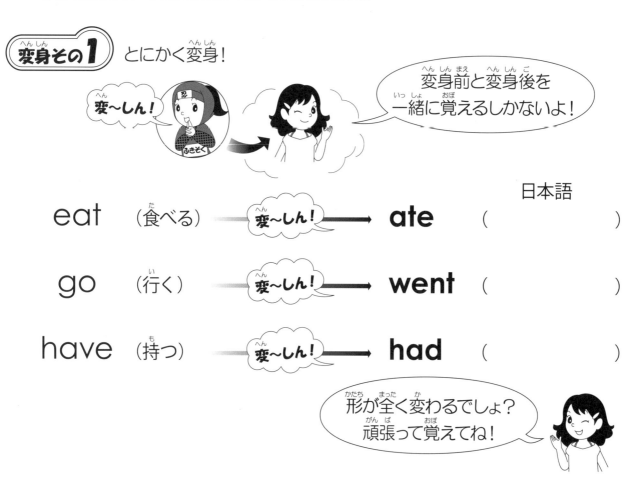

変身その**1**　とにかく変身！

変〜しん！

変身前と変身後を
一緒に覚えるしかないよ！

日本語

eat　（食べる）　→ 変〜しん！ → **ate**　（　　　　　）

go　（行く）　→ 変〜しん！ → **went**　（　　　　　）

have　（持つ）　→ 変〜しん！ → **had**　（　　　　　）

形が全く変わるでしょ？
頑張って覚えてね！

変身その**2**　変身するかと思いきや、そのまんま！！

変身しないよ！！

だまされないでね！

日本語

cut　（切る）　──────→ **cut**　（　　　　　）

put　（置く）　──────→ **put**　（　　　　　）

Trace the verbs below and write the Japanese in the ( ).

（次の ──── のことばをなぞって（　）に日本語を書きましょう。）

go （行く）　→　went　（　　　　　）

run （走る）　→　ran　（　　　　　）

have （持つ）　→　had　（　　　　　）

drink （飲む）　→　drank　（　　　　　）

eat （食べる）　→　ate　（　　　　　）

see （見る）　→　saw　（　　　　　）

sit （座る）　→　sat　（　　　　　）

come （来る）　→　came　（　　　　　）

get （手に入れる）　→　got　（　　　　　）

write （書く）　→　wrote　（　　　　　）

Choose the past tense from the ▨ and write it on the lines to make a pair.
(下の▨からペアになる過去形を選んで ═══ に書きましょう。)

①become
_____

②drink
_____

③give
_____

④grow
_____

⑤come
_____

⑥begin
_____

⑦sing
_____

beg:			
began	grew	sang	came
became	gave	drank	

Write the Japanese in the (   ). Write a letter in each ☐ , then write the past tense on the lines and read the sentence.
（下の（　）に日本語を書きましょう。過去形の英語を☐に1文字ずつ入るように書き、＝＝＝ にも書いたら完成した文を読んでみましょう。）

① become（ ～になる ）

➡ b e c a m e （～になった）

She ___become___ a teacher two years ago.

② come　（　　　　）➡ ☐☐☐☐　（　　　　）

You ＿＿＿＿ to school yesterday.

③ begin　（　　　　）➡ ☐☐☐☐☐（　　　　）

He ＿＿＿＿ the lesson one hour ago.

④ drink　（　　　　）➡ ☐☐☐☐☐（　　　　）

I ＿＿＿＿ juice this morning.

⑤ give　（　　　　）➡ ☐☐☐☐　（　　　　）

She ＿＿＿＿ me a book three

weeks ago.

⑥ grow　（　　　　）➡ ☐☐☐☐　（　　　　）

They ＿＿＿＿ tomatoes last summer.

⑦ sing　（　　　　）➡ ☐☐☐☐　（　　　　）

You ＿＿＿＿ a beautiful song last year.

Choose the past tense from the ▬ and write it on the lines to make a pair.

（下の▬からペアになる過去形を選んで ─── に書きましょう。）

① drive

② forget

③ sit

④ run

⑤ swim

⑥ get

⑦ ride

| drive | got | forgot | sat |
| swam | ran | rode | |

① drive （　　　　） ➡ ☐☐☐☐☐　　（　　　　）

He ＿＿＿＿＿＿＿ his car last week.

② forget（　　　　） ➡ ☐☐☐☐☐☐　（　　　　）

We ＿＿＿＿＿＿＿ our textbooks yesterday.

③ get （　　　　） ➡ ☐☐☐　　　　（　　　　）

My father ＿＿＿＿＿＿＿ a new job last year.

④ ride （　　　　） ➡ ☐☐☐☐　　（　　　　）

She ＿＿＿＿＿＿＿ a bike last Wednesday.

⑤ sit （　　　　） ➡ ☐☐☐　　　　（　　　　）

His dog ＿＿＿＿＿＿＿ on the sofa this morning.

⑥ swim （　　　　） ➡ ☐☐☐☐　　（　　　　）

They ＿＿＿＿＿＿＿ 500 meters this morning.

⑦ run （　　　　） ➡ ☐☐☐　　　　（　　　　）

I ＿＿＿＿＿＿＿ in the park three days ago.

Choose the past tense from the ▨ and write it on the lines
to make a pair.
（下の ▨ からペアになる過去形を選んで ═══ に書きましょう。）

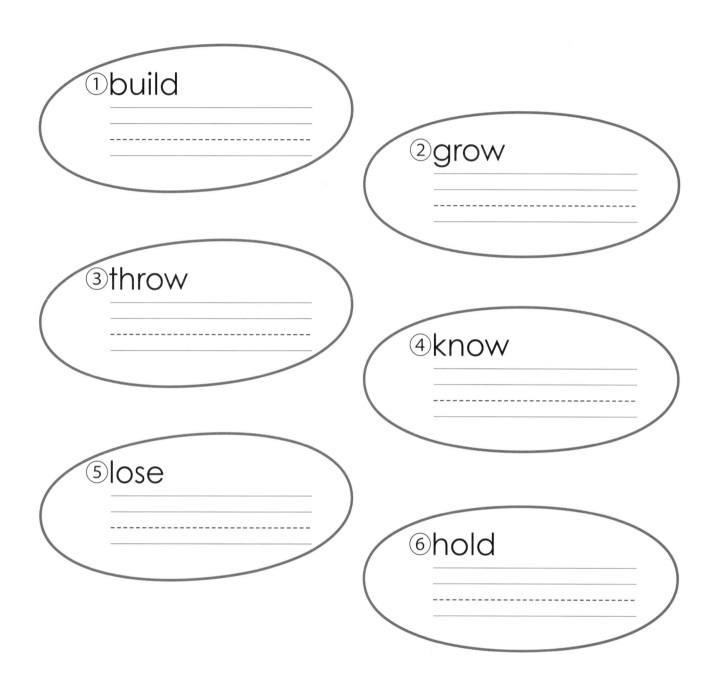

①build

②grow

③throw

④know

⑤lose

⑥hold

| lost | held | threw |
| grew | built | knew |

Write the Japanese in the (   ). Write a letter in each ☐, then write the past tense on the lines and read the sentence.

(下の（　）に日本語を書きましょう。過去形の英語を☐に1文字ずつ入るように書き、＝＝＝に も書いたら完成した文を読んでみましょう。)

① build （   ）➡ ☐☐☐☐☐　（   ）

They ＿＿＿＿＿＿＿ a new house last month.

② lose （   ）➡ ☐☐☐☐　（   ）

Chris ＿＿＿＿＿＿＿ his wallet last night.

③ grow （   ）➡ ☐☐☐☐　（   ）

My dog ＿＿＿＿＿＿＿ up really fast last year.

④ hold （   ）➡ ☐☐☐☐　（   ）

She ＿＿＿＿＿＿＿ a kitten this morning.

⑤ know （   ）➡ ☐☐☐☐　（   ）

I ＿＿＿＿＿＿＿ about your problem.

⑥ throw （   ）➡ ☐☐☐☐☐　（   ）

They ＿＿＿＿＿＿＿ a ball together yesterday.

Choose the past tense from the ▨ and write it on the lines
to make a pair.
（下の▨からペアになる過去形を選んで ━━━ に書きましょう。）

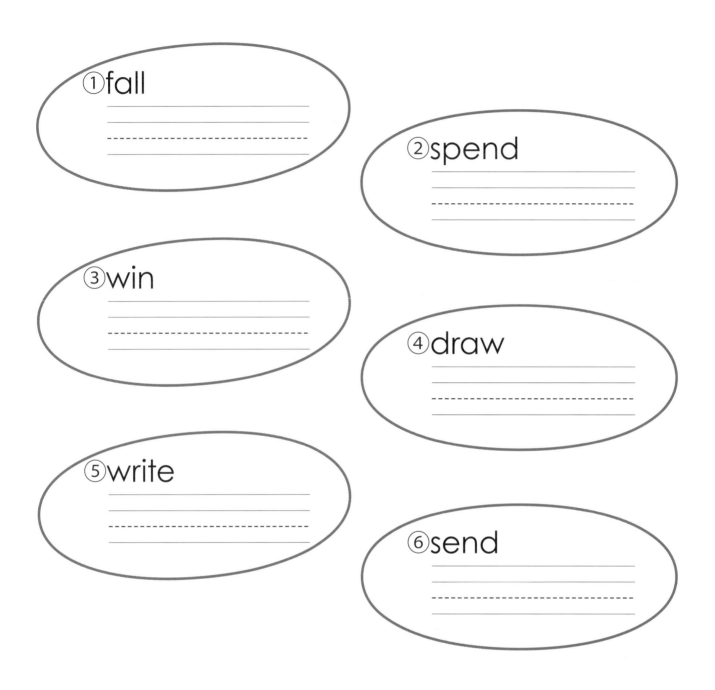

①fall

②spend

③win

④draw

⑤write

⑥send

won	wrote	sent
drew	fell	spent

-80-

Write the Japanese in the (   ). Write a letter in each ☐ , then write the past tense on the lines and read the sentence.

(下の( )に日本語を書きましょう。過去形の英語を ☐ に1文字ずつ入るように書き、 ═══ にも書いたら完成した文を読んでみましょう。)

① draw （   ） ➡ ☐☐☐☐   （   ）

She ＿＿＿＿＿＿＿ a picture two weeks ago.

② fall （   ） ➡ ☐☐☐☐   （   ）

The monkey ＿＿＿＿＿＿＿ from the tree last night.

③ send （   ） ➡ ☐☐☐☐   （   ）

I ＿＿＿＿＿＿＿ a letter to my friend last week.

④ spend（   ） ➡ ☐☐☐☐☐   （   ）

We ＿＿＿＿＿＿＿ a nice day together.

⑤ win （   ） ➡ ☐☐☐   （   ）

They ＿＿＿＿＿＿＿ the baseball game yesterday.

⑥ write （   ） ➡ ☐☐☐☐☐   （   ）

She ＿＿＿＿＿＿＿ a letter to her friend two days ago.

Please change the verbs to the past tense forms and complete the crossword puzzle.
(次の動詞を過去形にして □ に入れ、クロスワードパズルを完成させましょう。)

Across ➡
1. forget
2. give
3. build
4. ride
7. run
8. begin
10. know
11. sit

Down ⬇
1. fall
3. become
5. win
6. drink
9. send

Please change the verbs to the past tense forms and complete the crossword puzzle.
(次の動詞を過去形にして □ に入れ、クロスワードパズルを完成させましょう。)

Across ➡
3. hold
5. grow
6. spend
8. lose
9. write
10. swim

Down ⬇
1. draw
2. come
4. drive
5. get
6. sing
7. throw

「**ふきそくチャン**」中級編 (変身前と変身後が少しだけ似てるパターンだよ)

 Choose the past tense from the ▨ and write it on the lines to make a pair.
（下の▨からペアになる過去形を選んで ═══ に書きましょう。）

①choose
＿＿＿＿＿＿＿
- - - - - - - - - - - - - -

②have
＿＿＿＿＿＿＿
- - - - - - - - - - - - - -

③hear
＿＿＿＿＿＿＿
- - - - - - - - - - - - - -

④feel
＿＿＿＿＿＿＿
- - - - - - - - - - - - - -

⑤break
＿＿＿＿＿＿＿
- - - - - - - - - - - - - -

⑥fly
＿＿＿＿＿＿＿
- - - - - - - - - - - - - -

⑦find
＿＿＿＿＿＿＿
- - - - - - - - - - - - - -

| flew | heard | chose | broke |
| found | had | felt | |

-84-

Write the Japanese in the ( ). Write a letter in each ☐ , then
write the past tense on the lines and read the sentence.
（下の（ ）に日本語を書きましょう。過去形の英語を☐に1文字ずつ入るように書き、＿＿に
も書いたら完成した文を読んでみましょう。）

① break （   ）➡ ☐☐☐☐☐ （   ）

His car ＿＿＿＿＿＿ last week.

② choose（   ）➡ ☐☐☐☐☐ （   ）

We ＿＿＿＿＿＿ our favorite music yesterday.

③ feel （   ）➡ ☐☐☐☐ （   ）

I ＿＿＿＿＿ sick last night.

④ find （   ）➡ ☐☐☐☐☐ （   ）

She ＿＿＿＿＿ the book this morning.

⑤ fly （   ）➡ ☐☐☐☐ （   ）

It ＿＿＿＿＿ in the sky last night.

⑥ have （   ）➡ ☐☐☐ （   ）

They ＿＿＿＿＿ a good time last winter.

⑦ hear （   ）➡ ☐☐☐☐☐ （   ）

Ken ＿＿＿＿＿ birds in the jungle last year.

Choose the past tense from the ▨ and write it on the lines to make a pair.
(下の ▨ からペアになる過去形を選んで ----- に書きましょう。)

①keep

②leave

③make

④see

⑤say

⑥hide

⑦meet

hid   left   made   said

saw   met   kept

Write the Japanese in the ( ). Write a letter in each ☐ ,then
write the past tense on the lines and read the sentence.
（下の（　）に日本語を書きましょう。過去形の英語を☐に1文字ずつ入るように書き、＝＝に
も書いたら完成した文を読んでみましょう。）

① hide （　　　　）➡ ☐☐☐　　（　　　　）

He ＿＿＿＿＿ behind the tree.

② keep （　　　　）➡ ☐☐☐☐　（　　　　）

Kumiko ＿＿＿＿＿ crying last night.

③ leave（　　　　）➡ ☐☐☐☐　（　　　　）

They ＿＿＿＿＿ early this morning.

④ make（　　　　）➡ ☐☐☐☐　（　　　　）

They ＿＿＿＿＿ delicious pancakes

last week.

⑤ meet （　　　　）➡ ☐☐☐　　（　　　　）

They ＿＿＿＿＿ each other last year.

⑥ say （　　　　）➡ ☐☐☐☐　（　　　　）

She ＿＿＿＿＿ "Thank you" to me yesterday.

⑦ see （　　　　）➡ ☐☐☐　　（　　　　）

We ＿＿＿＿＿ a ghost last night.

Choose the past tense from the ▦ and write it on the lines to make a pair.

（下の▦からペアになる過去形を選んで ﹦﹦﹦ に書きましょう。）

①stand
_____

②sell
_____

③sleep
_____

④take
_____

⑤speak
_____

⑥wear
_____

⑦understand
_____

⑧tell
_____

| wore | spoke | took | slept |
| told | understood | sold | stood |

Write the Japanese in the (　). Write a letter in each ☐ , then write the past tense on the lines and read the sentence.

(下の(　)に日本語を書きましょう。英語の☐に1文字を入れた後、＝＝＝に過去形を書き完成した文を読んでみましょう。)

① sell   (　　　) ➡ ☐☐☐☐ (　　　)

Bill ＿＿＿＿＿ his car last Sunday

② sleep (　　　) ➡ ☐☐☐☐☐ (　　　)

My sister ＿＿＿＿ in her car yesterday.

③ speak (　　　) ➡ ☐☐☐☐☐ (　　　)

Ayaka ＿＿＿＿ with her friend

one month ago.

④ stand (　　　) ➡ ☐☐☐☐☐ (　　　)

The church ＿＿＿＿ on a hill

ten years ago.

⑤ take   (　　　) ➡ ☐☐☐☐ (　　　)

Ken ＿＿＿＿ pictures in Kyoto last summer.

⑥ tell   (　　　) ➡ ☐☐☐☐ (　　　)

My grandmother ＿＿＿＿ me a story last

night.

⑦・⑧は次ページに続くよ。

⑦ understand ➡ ☐☐☐☐☐☐☐☐☐☐

(   )   (   )

He _____ that two days ago.

⑧ wear (   ) ➡ ☐☐☐☐ (   )

She _____ a dress to the party

yesterday.

Please change the verbs to the past tense forms and
complete the crossword puzzle.
(次の動詞を過去形にして ☐ に入れ、クロスワードパズルを完成させましょう。)

Down ⬇
1. stand
2. make
3. break
6. hide
7. see
8. leave

Across ➡
4. understand
5. choose
9. have
10. wear
11. fly

Please change the verbs to the past tense forms and complete the crossword puzzle.
（次の動詞を過去形にして □ に入れ、クロスワードパズルを完成させましょう。）

Across ➡

3. find
5. sell
6. speak
7. hear
9. feel
10. meet

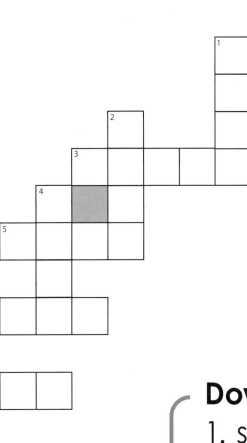

Down ⬇

1. say
2. tell
4. take
6. sleep
8. keep

Choose the past tense from the ■ and write it on the lines to make a pair.
(下の■からペアになる過去形を選んで ===== に書きましょう。)

①catch

②bring

③buy

④think

⑤teach

⑥go

⑦eat

went   brought   ate   bought

taught   thought   caught

Write the Japanese in the (　). Write a letter in each ☐ ,then write the past tense on the lines and read the sentence.
（下の(　)に日本語を書きましょう。過去形の英語を☐に1文字ずつ入るように書き、＝＝に も書いたら完成した文を読んでみましょう。）

① bring (　　　　　) ➡ ☐☐☐☐☐☐ (　　　　)

You ＿＿＿＿＿＿ a lot of fruit last week.

② buy (　　　　　) ➡ ☐☐☐☐☐ (　　　　)

They ＿＿＿＿＿＿ a lot of books last month.

③ catch(　　　　　) ➡ ☐☐☐☐☐ (　　　　)

We ＿＿＿＿＿＿ a big beetle last summer.

④ teach(　　　　　) ➡ ☐☐☐☐☐ (　　　　)

I ＿＿＿＿＿＿ math ten years ago.

⑤ think (　　　　　) ➡ ☐☐☐☐☐☐ (　　　　)

He ＿＿＿＿＿＿ about the problem last night.

⑥ go (　　　　　) ➡ ☐☐☐☐ (　　　　)

They ＿＿＿＿＿＿ to Canada last month.

⑦ eat (　　　　　) ➡ ☐☐☐ (　　　　)

The rabbit ＿＿＿＿＿＿ carrots last night.

-93-

丸ごと覚えてね！

Write the past tense on the lines to make a pair.
（ペアになる過去形を —— に書きましょう。）

①cut _____

②hit _____

③put _____

④shut _____

読み方が
変わるよ

⑤read _____

過去形になっても
変身しないよ！

Write the Japanese in the (   ). Write a letter in each ☐ , then
write the past tense on the lines and read the sentence.
（下の（   ）に日本語を書きましょう。過去形の英語を ☐ に1文字ずつ入るように書き、 —— に
も書いたら完成した文を読んでみましょう。）

①cut   (   )➡ ☐☐☐   (   )

My mother _____ my hair yesterday.

②hit   (   )➡ ☐☐☐   (   )

You _____ a home run last week.

③put   (   )➡ ☐☐☐   (   )

He _____his cap on the table last night.

④shut   (   )➡ ☐☐☐☐ (   )

Ken _____ the door this morning.

⑤read   (   )➡ ☐☐☐☐ (   )

I _____a book in the park last weekend.

Please change the verbs to the past tense forms and complete the crossword puzzle.
(次の動詞を過去形にして □ に入れ、クロスワードパズルを完成させましょう。)

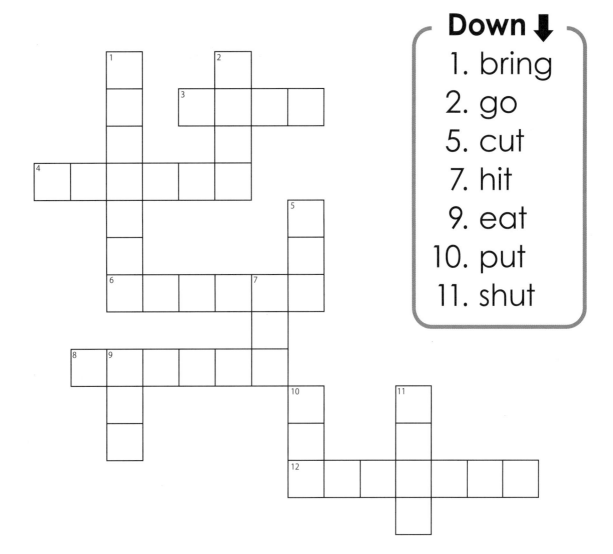

Down ↓
1. bring
2. go
5. cut
7. hit
9. eat
10. put
11. shut

Across ➡
3. read
4. buy
6. teach
8. catch
12. think

Complete the sentences by adding the correct word and choosing the correct verb.

（日本語の文に合う英語の『主語（だれが）』と、下の ▊ から選んだ動詞を、══ の上に書いて文を完成させましょう。）

① わたしは昨日プレゼントを**手に入れました**。

—————— ——————————— a present yesterday.

② 彼女は彼女の友達と**話しました**。

—————— ——————————— with her friend.

③ 彼は昨夜**勉強しました**。

—————— ——————————— last night.

④ 彼らは先週日本を**去りました**。

—————— ——————————— Japan last week.

⑤ 私たちは3年前に東京に**住んでいました**。

—————— ——————————— in Tokyo three

years ago.

⑥ クミ(Kumi) は去年カナダに**行きました**。

—————— ——————————— to Canada last year.

使わない言葉が6つあるよ！

get	got	leave	left
talked	talks	lived	live
studies	studied	went	go

Complete the sentences by adding the correct word and choosing the correct verb.

(日本語の文に合う英語の『主語(だれが)』と、下の ■ から選んだ動詞を、〓〓〓 の上に書いて文を完成させましょう。)

① あなたはきのう本を持ってきました。

_____ _____ a book yesterday.

② 私は昨夜具合が悪かったです。

_____ _____ sick last night.

③ 彼女は昨日ペンを忘れました。

_____ _____ her pen yesterday.

④ 彼は去年秘密を守りました。

_____ _____ a secret last year.

⑤ 彼らは昨日地図を失くしました。

_____ _____ their map yesterday.

⑥ タクミ君(Takumi) は先週彼の自転車を売りました。

_____ _____ his bike last week.

使わない言葉が6つあるよ！

bring	brought	forgot	forgets
felt	feel	keeps	kept
sold	sell	lost	lose

Complete the sentences by adding the correct word and choosing the correct verb.

（日本語の文に合う英語の『主語（だれが）』と、下の ■ から選んだ動詞を、＝＝＝ の
上に書いて文を完成させましょう。）

① 彼は2日前に手紙を**書きました**。

_____ _____ a letter 2 days ago.

② 彼らは去年その試合に**勝ちました**。

_____ _____ the game last year.

③ ジム (Jim) は先週ハンナに**会いました**。

_____ _____ Hanna last week.

④ 私たちは授業をとてもよく**理解しました**。

_____ _____ the lesson very well.

⑤ 彼女は昨日彼に本を**あげました**。

_____ _____ him a book yesterday.

⑥ 彼はそのおいしいチーズを**切りました**。

_____ _____ the delicious cheese.

使わない言葉が6つあるよ！

cuts	cut	wrote	writes
win	won	understood	understand
gives	gave	meets	met

Complete the sentences by adding the correct word and choosing the correct verb.

(日本語の文に合う英語の『主語(だれが)』と、下の ▉ から選んだ動詞を、＝＝の上に書いて文を完成させましょう。)

① 彼はいくつかのトンボを**捕まえました**。

＿＿＿＿＿ ＿＿＿＿＿＿ some dragonflies.

② スーザン (Susan) は黄色いリボンを**選びました**。

＿＿＿＿＿ ＿＿＿＿＿＿ a yellow ribbon.

③ トム (Tom) と私はフランス語で**話をしました**。

＿＿＿ ＿＿＿ ＿＿ ＿＿＿＿＿ in French.

④ 私たちは野菜を**売りました**。

＿＿＿＿＿ ＿＿＿＿＿＿ vegetables.

⑤ ジム (Jim) は去年たくさんの本を**読みました**。

＿＿＿＿＿ ＿＿＿＿＿＿ a lot of books last year.

⑥ 彼らは先週映画を**観ました**。

＿＿＿＿＿ ＿＿＿＿＿＿ a movie last week.

使わない言葉が6つあるよ！

sold	sell	choose	chose
caught	catches	watch	watched
speak	spoke	reads	read

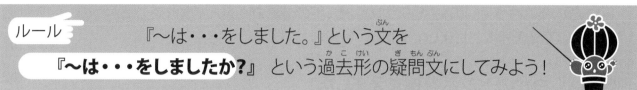

『～は・・・をしました。』という文を
『～は・・・をしましたか?』 という過去形の疑問文にしてみよう!

「あなたはテニスをしました。」 ⇒ 「あなたはテニスを**しましたか**?」

≪普通の文≫ You play**ed** tennis .

≪疑問文≫ **Did** you play tennis **?**

いつも "Did"で始まるよ!

"Did"を付けたら、動詞はもとの形に戻るよ!

Didサムライ参上!

変身がとけちゃった～

こんな感じ!

Let's make questions.

(＿＿＿ に正しい英語を入れて、各文章の疑問文を作ってみましょう。)

① I played soccer.

動詞はどうなるかな?

➡疑問文にすると・・・

| Did | I | play | soccer | ? |

② You played soccer.

➡疑問文にすると・・・

| | | | | |

Let's make questions.

(＿＿＿に正しい英語を入れて、各文章の疑問文を作ってみましょう。)

文の最後に「？」マークを忘れないでね！

① He played soccer.

→ 疑問文にすると・・・

② She played soccer.

→ 疑問文にすると・・・

③ It played soccer.

→ 疑問文にすると・・・

④ Chris played soccer.

→ 疑問文にすると・・・

⑤ We played soccer.

→ 疑問文にすると・・・

⑥ You played soccer.

→ 疑問文にすると・・・

⑦ They played soccer.

→ 疑問文にすると・・・

Make the past tense questions, and say the meaning in Japanese.

(例にならって次の英語の文の疑問文を ＿＿ に書きましょう。また、意味を日本語で言ってみましょう。)

【例】You visited France last month.

Did you visit France last month?

① He changed his shirt one hour ago.

② You believed the story.

③ We collected old newspapers.

④ She slept in her bed last night.

⑤ I read a book yesterday.

⑥ They heard the news last week.

Make the past tense questions, and write the meaning in Japanese.

（次の英語の文の疑問文を ＿＿＿ に書きましょう。また、意味を日本語で ＿＿＿ の上に書きましょう。）

① They pushed the button.

_____

- -

日本語：

② My mother washed my clothes this morning.

_____

- -

日本語：

③ She showed you her toy last night.

_____

- -

日本語：

④ My brother joined a baseball team last month.

_____

- -

日本語：

⑤ He agreed with her yesterday.

_____

- -

日本語：

⑥ She broke her bike last week.

_____

- -

日本語：

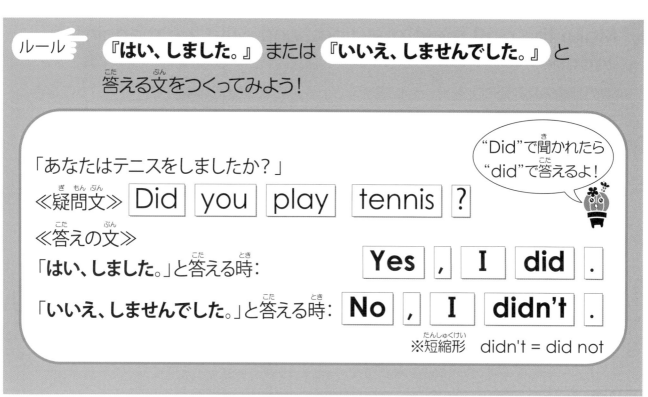

ルール 『**はい、しました。**』 または 『**いいえ、しませんでした。**』 と 答える文をつくってみよう!

"Did"で聞かれたら "did"で答えるよ!

「あなたはテニスをしましたか?」

≪疑問文≫ Did you play tennis ?

≪答えの文≫

「**はい、しました。**」と答える時: Yes , I did .

「**いいえ、しませんでした。**」と答える時: No , I didn't .

※短縮形 didn't = did not

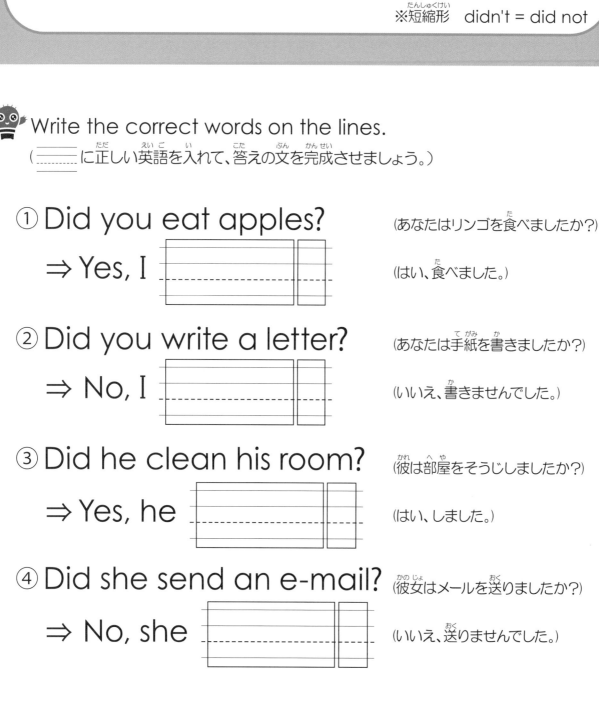

Write the correct words on the lines.
(＿＿＿ に正しい英語を入れて、答えの文を完成させましょう。)

① Did you eat apples?　(あなたはリンゴを食べましたか?)

　⇒ Yes, I ＿＿＿＿＿＿　(はい、食べました。)

② Did you write a letter?　(あなたは手紙を書きましたか?)

　⇒ No, I ＿＿＿＿＿＿　(いいえ、書きませんでした。)

③ Did he clean his room?　(彼は部屋をそうじしましたか?)

　⇒ Yes, he ＿＿＿＿＿＿　(はい、しました。)

④ Did she send an e-mail?　(彼女はメールを送りましたか?)

　⇒ No, she ＿＿＿＿＿＿　(いいえ、送りませんでした。)

Rearrange the words to make a sentence. There is one extra word. ([ ] 内の言葉を並べ替えて ‗‗‗‗ に正しい文を書きましょう。ただし1つ使わない単語があります。)

① あなたは昨日彼女に電話しましたか?

[you / called / did / call / her / yesterday]?

使わなかったことば:

② はい、そうです。(①の答えとして)

[did / , / yes / I / do].

使わなかったことば:

③ 彼は試合に勝ちましたか?

[game / the / does / win / did / he]?

使わなかったことば:

④ いいえ、ちがいます。(③の答えとして)

[he / , / no / didn't / did / .]

使わなかったことば:

⑤ あなたはあなたの自転車を売りましたか?

[sell / you / did / bike / your / sold]?

使わなかったことば:

⑥ いいえ、ちがいます。(⑤の答えとして)

[I / no / don't / , / didn't]

使わなかったことば:

文のはじまりは
大文字だよね!

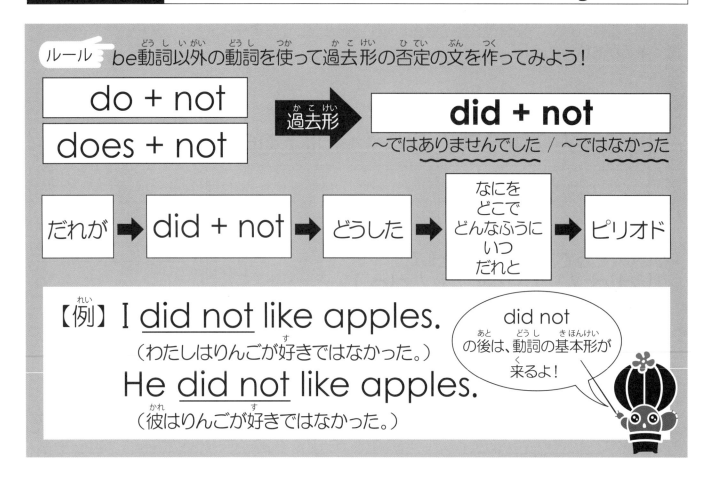

ルール be動詞以外の動詞を使って過去形の否定の文を作ってみよう！

do + not
does + not

過去形 ➡ **did + not**
～ではありませんでした / ～ではなかった

だれが ➡ did + not ➡ どうした ➡ なにを どこで どんなふうに いつ だれと ➡ ピリオド

【例】 I <u>did not</u> like apples.
（わたしはりんごが好きではなかった。）
He <u>did not</u> like apples.
（彼はりんごが好きではなかった。）

did not の後は、動詞の基本形が来るよ！

Read the sentences below. （次の文を読んでみよう）

check

① I **didn't** <u>lose</u> my pen.

② You **didn't** <u>feel</u> well.

③ He **didn't** <u>bring</u> a recorder.

④ She **didn't** <u>read</u> comic books.

⑤ It **didn't** <u>eat</u> rice.

⑥ We **didn't** <u>laugh</u>.

⑦ You **didn't** <u>teach</u> math.

⑧ They **didn't** <u>meet</u> at the hospital.

豆知識 did not ➡ didn't で使う事が多いよ！

-106-

Write the correct words on the lines.

(_____に正しい英語を入れての文を完成させましょう。)

① I opened the box.

↓『私はその箱を開けませんでした。』の文にすると・・・

I _____ _____ the box.

② You threw the ball.

↓『あなたはそのボールを投げませんでした。』の文にすると・・・

You _____ _____ the ball.

③ He walked around the lake.

↓『彼は湖のまわりを歩きませんでした。』の文にすると・・・

He _____ _____ around the lake.

④ She drank coffee.

↓『彼女はコーヒーを飲みませんでした。』の文にすると・・・

She _____ _____ coffee.

⑤ It ate food.

↓『それはその食べものを食べませんでした。』の文にすると・・・

It _____ _____ food.

⑥ We taught English.

↓『私たちは英語を教えませんでした。』の文にすると・・・

We _____ _____ English.

⑦ They studied science.

↓『彼らは化学を勉強しませんでした。』の文にすると・・・

They _____ _____ science.

Rearrange the words to make a sentence.
（[ ]内の言葉を並べ替えて ＿＿＿ に正しい文を書きましょう。）

文のはじめの文字は
大文字になるよ！

① わたしは窓を閉めませんでした。

[didn't / shut / I / the window / .]

② あなたは音楽を聞いていませんでした。

[listen / to music / didn't / . / you]

③ 彼はくだものを売りませんでした。

[sell / didn't / . / he / fruit]

④ 彼女は夕食を料理しませんでした。

[cook / didn't / she / . / dinner]

⑤ それは海に住んでいませんでした。

[didn't / . / it / in the sea / live]

⑥ わたし達はそのレストランを見つけませんでした。

[didn't / we / the restaurant / . / find]

⑦ 彼らはその山に登りませんでした。

[climb / didn't / . / they / the mountain]

 Read the letter from Chris, and answer the questions.
（クリスが書いた次の手紙を読んで、あとの問いに答えなさい。）

Dear Tom,

How are you?

(1)[finish / you / ? / did / your homework]

I (2)[go] to the park and

I (3)[play] soccer with my friends

yesterday.

What (4)[   ] you do yesterday?

Sincerely, Chris

① (1)の[　]の中のことばを並べかえ正しい英語の文にしましょう。

_____

- -

_____

② (2)、(3)の[　]の中のことばを正しい形にかえましょう。

(2)_____   (3)_____

③ 「昨日何をしましたか?」という疑問文になるように、(4)に適する英語を書きましょう。

(4)_____

ルール 『～は、今・・・をしています。』という文を
つくってみよう!

be動詞 + 一般動詞+ing

Be動詞以外の動詞を
別名『一般動詞』
と言うよ!

1 「あなたはテニスをします。」 ⇒ 「あなたは**今**、テニスを**しています**。」

≪普通の文≫ You | | play | tennis | .

≪今している≫ You | **are** | play**ing** | tennis | .

ing

彼は「ing(イング)君」。
『今・・・しています。』の文で活躍するよ!

2 「彼はテニスをします。」 ⇒ 「彼は**今**、テニスを**しています**。」

≪普通の文≫ He | | plays | tennis | .

≪今している≫ He | **is** | play**ing** | tennis | .

ing

"Be動詞"を間違えないでね!

Let's make sentences.

(‾‾‾ に、各文章の『今・・・しています。』の文を作ってみましょう。)

① I eat dinner.

➡『今・・・しています。』の文にすると・・・

I	am	eating	dinner	.

② You eat dinner.

➡『今・・・しています。』の文にすると・・・

Let's make sentences.

（『今・・・しています。』の文を作ってみましょう。）

① He eats dinner.

⬇『今・・・しています。』の文にすると・・・

② She eats dinner.

⬇『今・・・しています。』の文にすると・・・

③ It eats dinner.

⬇『今・・・しています。』の文にすると・・・

④ Chris eats dinner.

⬇『今・・・しています。』の文にすると・・・

⑤ We eat dinner.

⬇『今・・・しています。』の文にすると・・・

⑥ You eat dinner.

⬇『今・・・しています。』の文にすると・・・

⑦ They eat dinner.

⬇『今・・・しています。』の文にすると・・・

動詞の形が変わる物があるぞ！
変化のルールは2パターン！

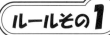

『e』で終わる動詞は『e』をとって『ing』をつける！

Write the correct words on the lines.
（ ＿＿＿ に正しい英語を入れて、答えの文を完成させましょう。）

① writ**e** ⇒ writ**ing**

私は手紙を書きます。

I ＿＿＿＿＿＿＿＿ a letter.

私は、**今**手紙を**書いています。**

I ＿＿＿ ＿＿＿＿＿＿＿ a letter.

『e』をとるよ！

② us**e** ⇒ us**ing**

私たちは辞書を使います。

We ＿＿＿＿＿＿＿ a dictionary.

私たちは**今**辞書を**使っています。**

We ＿＿＿ ＿＿＿＿＿＿ a dictionary.

『e』をとるよ！

Please change the sentence to the present progressive form.
（下の文章を『今〜しています。』の文にしてみましょう。）

I make a cake.

『e』をどうする？

↓『今・・・しています。』の文にすると・・・

＿＿＿＿＿＿＿＿＿＿＿＿＿＿＿＿＿＿＿＿＿＿＿＿＿＿＿

Write the correct words on the lines.
（＿＿＿＿に正しい英語を入れて、文を完成させましょう。）

① run ⇒ ru**nn**ing

あなたは公園で走ります。

You ＿＿＿＿＿＿＿＿＿＿ in the park.

あなたは**今**公園で**走っています**。

You ＿＿＿＿ ＿＿＿＿＿＿＿＿＿ in the park.

『**n**』が2つ！

② cut ⇒ cu**tt**ing

彼女は紙を切ります。

She ＿＿＿＿＿＿＿＿＿＿ paper.

彼女は今紙を**切っています**。

She ＿＿＿＿ ＿＿＿＿＿＿＿＿ paper.

『**t**』が2つ！

Please change the sentence to the present progressive form.
（下の文章を『今～しています。』の文にしてみましょう。）

何が2つになる？

① We run to school.

⬇『今…しています。』の文にすると…

＿＿＿＿＿＿＿＿＿＿＿＿＿＿＿＿＿＿＿＿＿＿＿＿＿

＿＿＿＿＿＿＿＿＿＿＿＿＿＿＿＿＿＿＿＿＿＿＿＿＿

② He cuts flowers.

⬇『今…しています。』の文にすると…

＿＿＿＿＿＿＿＿＿＿＿＿＿＿＿＿＿＿＿＿＿＿＿＿＿

＿＿＿＿＿＿＿＿＿＿＿＿＿＿＿＿＿＿＿＿＿＿＿＿＿

Write the correct words on the lines.

（_____に正しい英語を入れて、『今・・・しています。』の文を完成させましょう。）

日本語の文に合わせてね！

① I cook.　　　　　　　　　　　　　　　（私は料理をします。）

⇒　I _____（私は今、料理をしています。）

② You drink.　　　　　　　　　　　　　（あなたは飲みます。）

⇒ You _____（あなたは今、飲んでいます。）

③ He sleeps.　　　　　　　　　　　　　（彼は寝ます。）

⇒　He _____（彼は今、寝ています。）

④ She drives.　　　　　　　　　　　　（彼女は運転をします。）

⇒　She _____（彼女は今、運転をしています。）

Write the correct words on the lines. Then write the meaning in Japanese.

（下の文章を『今・・・している』の形で_____に正しい英語を書き、文を完成しましょう。_____には日本語の意味を書きましょう。）

① I study math every day.

I _____ _____ math.

日本語: _____

② She writes a letter.

She _____ _____ a letter.

日本語: _____

-114-

Write the correct words on the lines. Then write the meaning in Japanese.

（下の文章を『今・・・している』の形で ＿＿＿ に正しい英語を書き、文を完成しましょう。＿＿＿ には日本語の意味を書きましょう。）

① He watches TV every night.

He ＿＿＿＿＿＿ ＿＿＿＿＿＿＿＿ TV now.

日本語：＿＿＿＿＿＿＿＿＿＿＿＿＿＿＿＿

② They listen to music.

They ＿＿＿＿＿＿ ＿＿＿＿＿＿＿ to music now.

日本語：＿＿＿＿＿＿＿＿＿＿＿＿＿＿＿＿

③ We stay in Japan.

We ＿＿＿＿＿＿ ＿＿＿＿＿＿＿ in Japan now.

日本語：＿＿＿＿＿＿＿＿＿＿＿＿＿＿＿＿

④ You help your mother.

You ＿＿＿＿＿＿ ＿＿＿＿＿＿＿ your mother now.

日本語：＿＿＿＿＿＿＿＿＿＿＿＿＿＿＿＿

⑤ I laugh at the TV every day.

I ＿＿＿＿＿＿ ＿＿＿＿＿＿＿ at the TV now.

日本語：＿＿＿＿＿＿＿＿＿＿＿＿＿＿＿＿

⑥ Tom uses a new pen.

Tom ＿＿＿＿＿＿ ＿＿＿＿＿＿＿ a new pen now.

日本語：＿＿＿＿＿＿＿＿＿＿＿＿＿＿＿＿

ルール 『~は今、・・・をしていますか?』という疑問文を
つくってみよう!

1 「あなたは今、テニスをしています。」⇒「あなたは**今**、テニスを**していますか?**」

≪普通の文≫ | You | **are** | play**ing** | tennis | . |

≪疑問文≫ | **Are** | you | play**ing** | tennis | **?** |

"*Be*動詞"を前へ出す!

2 「彼は今、テニスをしています。」⇒「彼は**今**、テニスを**していますか?**」

≪普通の文≫ | He | **is** | play**ing** | tennis | . |

≪疑問文≫ | **Is** | he | play**ing** | tennis | **?** |

Let's make questions.
(＿＿＿＿に正しい英語を入れて、各文章の疑問文を作ってみましょう。)

①I am cooking dinner.

動詞は
どうなるかな?

⬇疑問文にすると・・・

| Am | I | cooking | dinner | ? |

②You are cooking dinner.

⬇疑問文にすると・・・

Let's make questions.

(_____ に正しい英語を入れて、各文章の疑問文を作ってみましょう。)

① He is eating dinner.

   ⬇ 疑問文にすると・・・

① She is eating dinner.

   ⬇ 疑問文にすると・・・

③ It is eating dinner.

   ⬇ 疑問文にすると・・・

④ Chris is eating dinner.

   ⬇ 疑問文にすると・・・

⑤ We are eating dinner.

   ⬇ 疑問文にすると・・・

⑥ You are eating dinner.

   ⬇ 疑問文にすると・・・

ここでは
『あなたたち』の "you" だよ！

⑦ They are eating dinner.

   ⬇ 疑問文にすると・・・

ルール 👉 『**はい、しています。**』 または 『**いいえ、していません。**』 の
答えの文をつくってみよう！

1 「あなたは今、テニスをしていますか？」

≪疑問文≫ | Are | you | playing | tennis | ? |

≪答えの文≫

「**はい、しています。**」と答える時： | Yes | , | I | am | . |

「**いいえ、していません。**」と答える時： | No | , | I'm | not | . |

※短縮形　I'm = I am

2 「彼は今、テニスをしていますか？」

≪疑問文≫ | Is | he | playing | tennis | ? |

≪答えの文≫

「**はい、しています。**」と答える時： | Yes | , | he | is | . |

「**いいえ、していません。**」と答える時： | No | , | he | isn't | . |

※短縮形　isn't = is not

3 「彼らは今、テニスをしていますか？」

≪疑問文≫ | Are | they | playing | tennis | ? |

≪答えの文≫

「**はい、しています。**」と答える時： | Yes | , | they | are | . |

「**いいえ、していません。**」と答える時： | No | , | they | aren't | . |

※短縮形
aren't = are not

答え方は簡単!!
"am" "is" "are"の
どれで聞かれているかな？
短縮形も同時に覚えよう！

ing

短縮形を使って答えてみよう！

例 1

Is it a cat?

Yes, it is. はい、そうです。

No, it is **not.** （長い形）
No, it is**n't.** （短い形）
いいえ、ちがいます。

※ **'** マークは英語のことばを短くしてくれるよ。

人と話すときは「短い形」の方を使うよ！
使えるようにしてね！

Read the sentences. （文を読んでみよう。）

check

No, you are **not.** ⇨ **No**, you **aren't.**

No, we are **not.** ⇨ **No**, we **aren't.**

No, they are **not.** ⇨ **No**, they **aren't.**

No, he is **not.** ⇨ **No**, he **isn't.**

No, she is **not.** ⇨ **No**, she **isn't.**

No, it is **not.** ⇨ **No**, it **isn't.**

例 2

Are you a teacher?

Yes, I am. はい、そうです。

スペシャル
ケース

No, I am not. （長い形）
No, I'm not. （短い形）
いいえ、ちがいます。

「短い形」になる場所が
上の文とはちがうよ！

Rearrange the words to make a perfect conversation.
（次の会話が成り立つように、[ ] 内の言葉を並べかえ正しい英語の文を＿＿＿に書きましょう。）

① A: あなたは今テレビを観ていますか？

[you / are / TV / watching / ?]

B: はい、観ています。

[I / , / am / yes / .]

B: 私は今ドラマを観ています。

[a drama / am / . / watching / I / now]

② A: 彼は今勉強をしていますか？

[now / he / studying / ? / is]

B: いいえ、していません。

[he / . / no / , / isn't]

B: 彼は今料理をしています。

[is / cooking / . / he / now]

文のはじまりは
大文字だよね！

Make the questions and answers.
（次の文を疑問文に書きかえ、（ ）内の英語を使って答えの文を書きましょう。）

① She is counting apples. (Yes)

⇒ Yes.

② They are feeling sick. (No)

⇒

③ We are helping our teacher. (No)

⇒

④ Jimmy is talking with his friend. (Yes)

⇒

⑤ Tomo and Kei are climbing Mt. Fuji. (No)

⇒

文のはじまりは
大文字だよね！

-121-

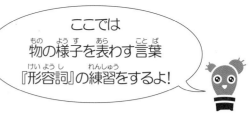

ここでは
物の様子を表わす言葉
『形容詞』の練習をするよ!

 Choose the correct word and write it on the lines. Then write it in Japanese.

（絵にあった単語を ▢ から選んで、＝＝＝に書き、＿＿に日本語の意味を書きましょう。）

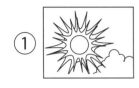
① It is ＿＿＿＿＿＿　日本語：＿＿＿＿＿＿

② It is ＿＿＿＿＿＿　日本語：＿＿＿＿＿＿

③ It is ＿＿＿＿＿＿　日本語：＿＿＿＿＿＿

④ It is ＿＿＿＿＿＿　日本語：＿＿＿＿＿＿

⑤ It is ＿＿＿＿＿＿　日本語：＿＿＿＿＿＿

⑥ It is ＿＿＿＿＿＿　日本語：＿＿＿＿＿＿

stormy	sunny	rainy
cloudy	snowy	windy

Choose the correct word and write it on the lines. Then write it in Japanese.

（絵にあった単語を ▮ から選んで、‗‗‗に書き、___に日本語の意味を書きましょう。）

① I am _____   日本語: _____

② I am _____   日本語: _____

③ I am _____   日本語: _____

④ I am _____   日本語: _____

⑤ It is _____   日本語: _____

⑥ It is _____   日本語: _____

⑦ It is _____   日本語: _____

⑧ It is _____   日本語: _____

| cold | full | long | hot |
| hungry | small | big | short |

-123-

Choose the correct word and write it on the lines. Then write it in Japanese.

（絵にあった単語を ▮ から選んで、＝＝＝に書き、＿＿に日本語の意味を書きましょう。）

① He is ＿＿＿＿＿＿＿＿＿＿　日本語：＿＿＿＿＿＿＿＿

② She is ＿＿＿＿＿＿＿＿＿　日本語：＿＿＿＿＿＿＿＿

③ It is ＿＿＿＿＿＿＿＿＿＿　日本語：＿＿＿＿＿＿＿＿

④ It is ＿＿＿＿＿＿＿＿＿＿　日本語：＿＿＿＿＿＿＿＿

⑤ It is ＿＿＿＿＿＿＿＿＿＿　日本語：＿＿＿＿＿＿＿＿

⑥ It is ＿＿＿＿＿＿＿＿＿＿　日本語：＿＿＿＿＿＿＿＿

⑦ He is ＿＿＿＿＿＿＿＿＿＿　日本語：＿＿＿＿＿＿＿＿

⑧ He is ＿＿＿＿＿＿＿＿＿＿　日本語：＿＿＿＿＿＿＿＿

| old | young | dirty | fast |
| slow | clean | tall | short |

Choose the correct word and write it on the lines. Then write it in Japanese.

（絵にあった単語を ▢ から選んで、＿＿＿ に書き、＿＿＿ に日本語の意味を書きましょう。）

① It is ＿＿＿＿＿＿＿＿ 日本語：＿＿＿＿＿＿

② It is ＿＿＿＿＿＿＿＿ 日本語：＿＿＿＿＿＿

③ She is ＿＿＿＿＿＿＿ 日本語：＿＿＿＿＿＿

④ She is ＿＿＿＿＿＿＿ 日本語：＿＿＿＿＿＿

⑤ It is ＿＿＿＿＿＿＿＿ 日本語：＿＿＿＿＿＿

⑥ It is ＿＿＿＿＿＿＿＿ 日本語：＿＿＿＿＿＿

⑦ It is ＿＿＿＿＿＿＿＿ 日本語：＿＿＿＿＿＿

⑧ It is ＿＿＿＿＿＿＿＿ 日本語：＿＿＿＿＿＿

| thin | bad | thick | happy |
| new | sad | old | good |

Choose the correct word and write it on the lines. Then write it in Japanese.

（絵にあった単語を ▓ から選んで、＝＝＝に書き、＿＿に日本語の意味を書きましょう。）

① It is _____ 日本語： _____

② It is _____ 日本語： _____

③ It is _____ 日本語： _____

④ It is _____ 日本語： _____

⑤ She is _____ 日本語： _____

⑥ He is _____ 日本語： _____

⑦ It is _____ 日本語： _____

⑧ It is _____ 日本語： _____

| easy | poor | high | full |
| empty | difficult | rich | low |

![lightbulb icon] Choose the correct word and write it on the lines. Then write it in Japanese.

（絵にあった単語を ▨ から選んで、＝に書き、＿＿＿に日本語の意味を書きましょう。）

① It is _____ 日本語：
_____

② It is _____ 日本語：
_____

③ It is _____ 日本語：
_____

④ It is _____ 日本語：
_____

⑤ It is his _____ hand. 日本語：
_____

⑥ It is his _____ hand. 日本語：
_____

⑦ It is _____ 日本語：
_____

⑧ It is _____ 日本語：
_____

| right | pretty | early | expensive |
| late | cheap | left | ugly |

-127-

その1

比べる言葉の練習をしよう。

前のセクションで習った形容詞は、他の物と比べる言葉になるよ。

ちょっとした変身が必要だから、覚えてね！

【例】

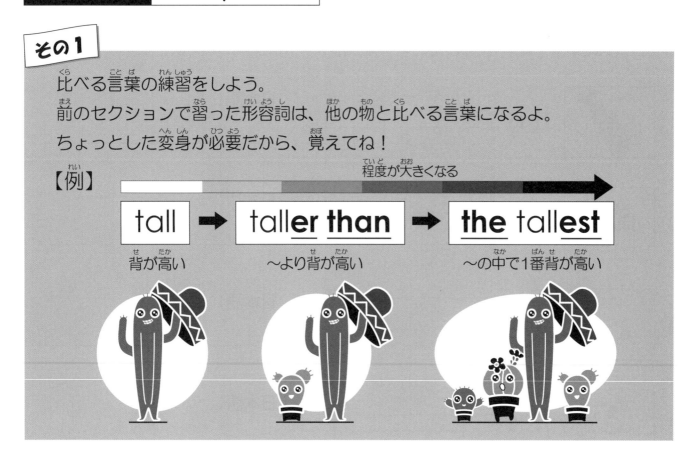

程度が大きくなる

tall ➡ tall**er than** ➡ **the** tall**est**

背が高い　　　　　～より背が高い　　　　　～の中で1番背が高い

Write the correct words on the lines according to the example.

（例にならって ＿＿＿ に正しい英語を書きましょう。）

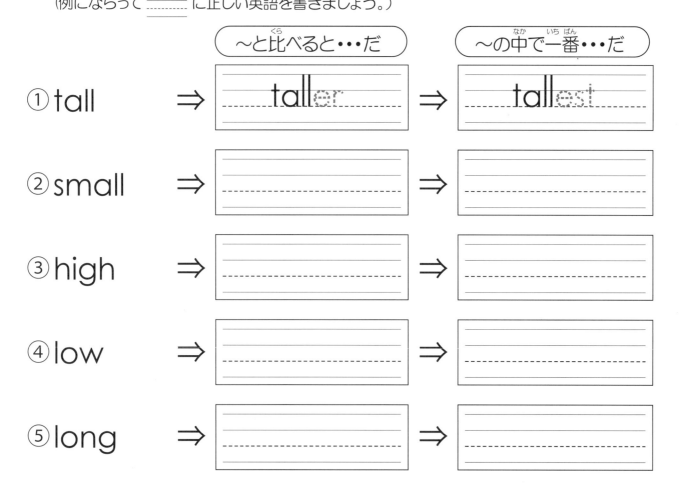

	～と比べると・・・だ	～の中で一番・・・だ
① tall ⇒	taller	tallest
② small ⇒		
③ high ⇒		
④ low ⇒		
⑤ long ⇒		

Write the correct words on the lines according to the example.

(──── に正しい英語を書きましょう。)

		～と比べると・・・だ		～の中で一番・・・だ
① young	⇒	younger	⇒	youngest
② old	⇒		⇒	
③ fast	⇒		⇒	
④ slow	⇒		⇒	
⑤ poor	⇒		⇒	
⑥ rich	⇒		⇒	
⑦ cold	⇒		⇒	
⑧ small	⇒		⇒	
特別 ⑨ hot	⇒	hotter	⇒	hottest
特別 ⑩ big	⇒	bigger	⇒	biggest

Rearrange the words to make a sentence.
（[ ] 内の言葉を並べ替えて ‾‾‾‾ に正しい文を書きましょう。）

文のはじまりは
大文字だよね！

① トムはケンより背が高いです。
[Ken / **than** / is / Tom / **taller**].

② 春は夏より寒いです。
[spring / **than** / summer / is / **colder**].

③ 富士山は赤城山より高いです。
[Mt. Akagi / is / **higher** / Mt. Fuji / **than**].

④ 私は彼より年上です。
[I / him / **than** / **older** / am].

⑤ 彼らは私より若いです。
[**younger** / are / **than** / they / me].

⑥ あなたの髪は私の髪より長いです。
[**longer** / is / my hair / **than** / your hair].

-130-

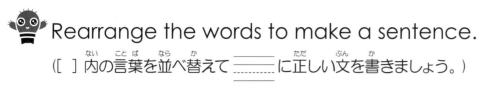

Rearrange the words to make a sentence.
（[ ]内の言葉を並べ替えて ＿＿＿ に正しい文を書きましょう。）

① カイはクラスで一番背が低いです。
[in the class / **the** / is / Kai / **shortest**].

② 富士山は日本で一番高い山です。
[mountain / Mt. Fuji / **the** / in Japan / **highest** / is].

③ 今日は一年で昼が一番長い日です。
[of the year / **longest** / is / today / **the** / day].

④ 彼女は部活で一番若いです。
[in the club / **the** / is / she / **youngest**].

⑤ 琵琶湖は日本で一番大きい湖です。
[Lake Biwa / **biggest** / lake / is / **the** / in Japan].

⑥ あなたはこのグループで一番背が高いです。
[**tallest** / are / in this group / **the** / you].

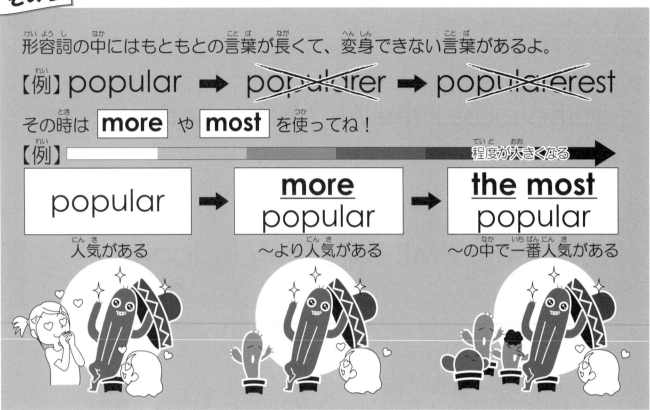

形容詞の中にはもともとの言葉が長くて、変身できない言葉があるよ。

【例】popular ➡ ~~popularer~~ ➡ ~~popularerest~~

その時は **more** や **most** を使ってね！

程度が大きくなる

| popular | ➡ | **more** popular | ➡ | **the most** popular |

人気がある　　　　　　　　　　　　　　～より人気がある　　　　　　　　　　～の中で一番人気がある

 Say it! Read the sentences.
（下の英語の文を声を出して読んでみよう！）

check ☐

① She is a popular girl.
（彼女は人気がある女の子です。）

② She is **more** popular **than** me. ☐
（彼女は私**より**人気があります。）

③ She is **the most** popular girl in the class. ☐
（彼女はクラス**で一番**人気がある女の子です。）

こんな言葉が変身しないよ！　difficult（難しい）　popular（人気がある）
beautiful（美しい）　famous（有名な）　expensive
delicious（おいしい）　important（大切な）　（値段が高い）

Rearrange the words to make a sentence.
([　]内の言葉を並べかえて ‗‗‗‗‗ に正しい文を書きましょう。)

文のはじまりは
大文字だよね！

① この自転車はあの自転車より高いです。
[than / this bike / **more** / that one /
expensive / is].

② このテストは今年一番大切なテストです。
[test / the / **important** / this / is /
most / of the year].

③ この花はあのバラより美しいです。
[**more** / this flower / than / that rose /
is / **beautiful**].

④ 京都は日本で一番人気がある都市です。
[Kyoto / city / the / in Japan /
popular / is / **most**].

⑤ このテストは前回のテストより難しいです。
[the last one / test / **more** / this / is /
difficult / than].

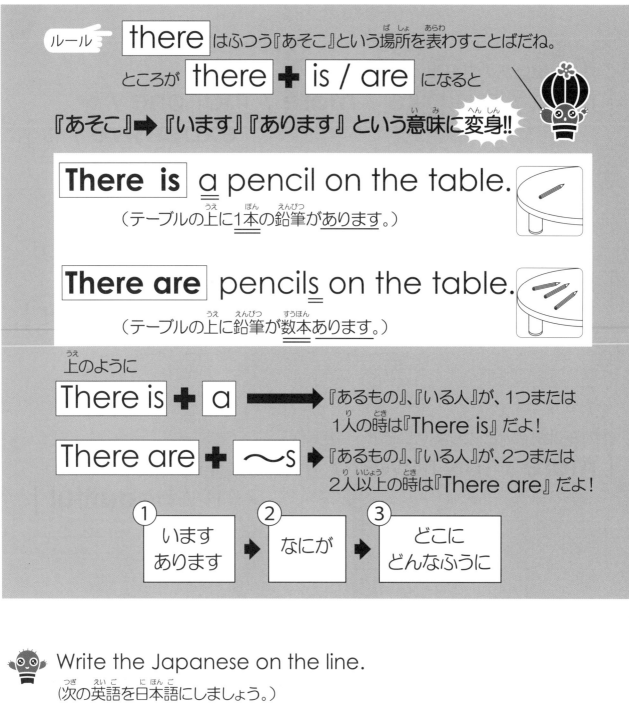

ルール☞ there はふつう『あそこ』という場所を表わすことばだね。

ところが there ＋ is / are になると

『あそこ』➡『います』『あります』という意味に変身!!

There is a pencil on the table.
（テーブルの上に1本の鉛筆があります。）

There are pencils on the table.
（テーブルの上に鉛筆が数本あります。）

上のように

There is ＋ a ➡ 『あるもの』、『いる人』が、1つまたは
1人の時は『There is』だよ!

There are ＋ 〜s ➡ 『あるもの』、『いる人』が、2つまたは
2人以上の時は『There are』だよ!

① います
あります ➡ ② なにが ➡ ③ どこに
どんなふうに

Write the Japanese on the line.
（次の英語を日本語にしましょう。）

① There is an egg in the basket.

バスケットに ＿＿＿＿＿＿＿＿が＿＿＿＿＿＿＿＿＿＿＿。

② There are tomatoes in the fridge.

冷蔵庫の中に ＿＿＿＿＿＿＿が＿＿＿＿＿＿＿＿＿＿＿。

Write the correct word on the lines, then write the Japanese.

（ _____ に正しい英語を書き、_____ に日本語の意味を書きましょう。）

文のはじめの文字は
大文字になるよ！

① _____ _____ **a boy** in the park.

（ 公園に _____ ）

② _____ _____ **a piano**
                              in the classroom.

（ 教室に _____ ）

③ _____ _____ **many flowers**
                              in the vase.

（ 花びんに _____ ）

※many=「たくさん」という意味だよ！

④ _____ _____ **a pencil** in the bag.

（ かばんに _____ ）

⑤ _____ _____ **two cats**
                              by the window.

（ 窓辺に _____ ）

⑥ _____ _____ **a pink car**
                              on the street.

（ 道に _____ ）

⑦ _____ _____ **five apples**
                              in the basket.

（ バスケットに _____ ）

Rearrange the words to make a sentence.

（[ ]内の言葉を並べ替えて ＿＿＿＿ に正しい文を書きましょう。）

文のはじめの文字は 大文字になるよ！

① 木に一匹のサルがいます。

[a / there / in the tree / is / monkey / .]

② 壁に2枚の絵があります。

[on the wall / are / there / pictures / . / two]

③ テーブルの下にボールが1つあります。

[ball / is / under the table / . / there / a]

④ 机の上にリンゴが1つあります。

[an / there / on the desk / is / . / apple]

⑤ お皿の上にたくさんのにんじんがあります。

[carrots / on the plate / many / . / are / there]

※many=「たくさん」という意味だよ！

⑥ その病院にはたくさんのお医者さんがいます。

[are / doctors / many / at the hospital / . / there]

Rearrange the words to make a sentence.

（［ ］内の言葉を並べ替えて ＿＿＿ に正しい文を書きましょう。）

文のはじめの文字は
大文字になるよ！

① イスの上にオレンジが1つあります。

[on the chair / an / there / orange / . / is]

② 私の手の中に消しゴムが1つあります。

[eraser / in my hand / an / is / there / .]

③ 動物園にはたくさんの動物がいます。

[many / in the zoo / animals / . /
                          are / there]

※many=「たくさん」という意味だよ！

④ 教室に男の子が1人います。

[boy / a / is / in the classroom / . / there]

⑤ 川のそばに大きな木があります。

[there / by the river / are / . / big trees]

⑥ 空に星が1つあります。

[a / there / star / is / . / in the sky]

質問と答えの作り方

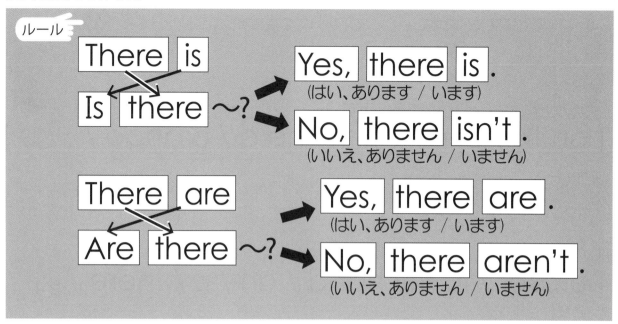

Complete the sentences.
（＿＿＿＿に合う言葉を入れて文を完成させましょう。）

① Is there a pumpkin on the table?

No.

② Is there a girl next to the tree?

Yes.

③ Are there pens on the desk?

Yes.

④ Are there trees in the park?

No.

Rearrange the words to make a sentence.

（[　]内の言葉を並べ替えて ＿＿＿＿ に正しい文を書きましょう。）

文のはじめの文字は
大文字になるよ！

① ベッドの上にネコがいますか？

[is / there / a / cat / ? / on the bed]

② 壁に何枚かの写真がありますか？

[on / are / ? / the wall / there / pictures]

③ ふでばこの中に消しゴムが1個ありますか？

[eraser / there / an / is / in / ? /
　　　　　　　　　　　　the pencil case]

④ 図書館に本がありますか？

[are / in / the library / there / books / ?]

⑤ 箱の中にりんごがありますか？

[the box / apples / in / are / there / ?]

⑥ イスの下にクツはありますか？

[under / shoes / there / the chair / ? / are]

Write the missing words on the lines.
（_____ に合う英語を書いて文を完成させましょう。）

【例】① __Is__ __there__ a piano in the room?

No, __there isn't__.

② _____ _____ two pens on the piano?

Yes, _____.

③ _____ _____ a bird in the tree?

Yes, _____.

④ _____ _____ ten ducks in the pond?

No, _____.

⑤ _____ _____ five foxes on the log?

Yes, _____.

⑥ _____ _____ a dog in the box?

Yes, _____.

⑦ _____ _____ an eraser on the desk?

No, _____.

⑧ _____ _____ three cats in the box?

Yes, _____.

Rearrange the words to make a sentence.
([ ] 内の言葉を並べかえて ===== に正しい文を書きましょう。)

文のはじまりは
大文字だよね!

① 公園に女の子が**います**。
[in the park / is / a girl / there].

-----

② 箱の中に2つのリンゴが**ありますか**?
[two / in the box / are / there / apples]?

-----

③ いいえ、**ありません**。(②の答えとして)
[no / aren't / there /,].

-----

④ 木に鳥がたくさん**います**。
[there / a lot of / in / are / birds / the tree].

※ a lot of =「たくさん」という意味だよ!

⑤ いすの下に5冊の本が**ありますか**?
[the chair / five / are / under /
books / there]?

-----

⑥ はい、**あります**。(⑤の答えとして)
[are / there / , / yes].

その1

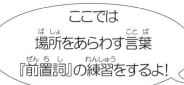

ここでは
場所をあらわす言葉
『前置詞』の練習をするよ!

Choose the correct word and write it on the lines.
Then write the Japanese in the ( ).

うさぎは
どこにいるかな?

(正しい言葉を下の ■ から選んで ＿＿＿ に書き、
日本語の文の( )に正しい場所をあらわす言葉を書きましょう。)

① It is ＿＿＿＿＿＿＿＿ the hat.

それはぼうしの(   )にいます。

② It is ＿＿＿＿＿＿＿＿ the hats.

それはぼうしの(   )にいます。

③ It is ＿＿＿＿＿＿＿＿ the hat.

それはぼうしの(   )にいます。

④ It is ＿＿＿＿＿＿＿＿ the hat.

それはぼうしの(   )にいます。

⑤ It is ＿＿＿＿＿＿＿＿ the hat.

それはぼうしの(   )にいます。

⑥ It is ＿＿＿＿＿＿＿＿ the hat.

それはぼうしの(   )にいます。

next to	under	between
in	on	in front of

Choose the correct word and write it on the lines.
Then write the Japanese in the ( ).

（正しい言葉を下の ▨ から選んで ＿＿＿ に書き、
日本語の文の（ ）に正しい場所をあらわす言葉を書きましょう。）

① It is ＿＿＿＿＿＿＿＿＿＿ the hat.

それはぼうしの（　　　　　　）にいます。

② It is ＿＿＿＿＿＿＿＿＿＿ the hat.

それはぼうしの（　　　　　　）にいます。

③ It is ＿＿＿＿＿＿＿＿＿＿ the hat.

それはぼうしの（　　　　　　）にいます。

④ It is ＿＿＿＿＿＿＿＿＿＿ the hat.

それはぼうしの（　　　　　　）にいます。

⑤ It is ＿＿＿＿＿＿＿＿＿＿ the hat.

それはぼうしの（　　　　　　）にいます。

beside	by
behind	near
far from	

Special Challenge

Look at the map and answer the questions by writing the correct words on the lines.
（地図を見て問題に答えよう。答えの文の ┅┅┅ にあてはまる英語を書いてみよう。）

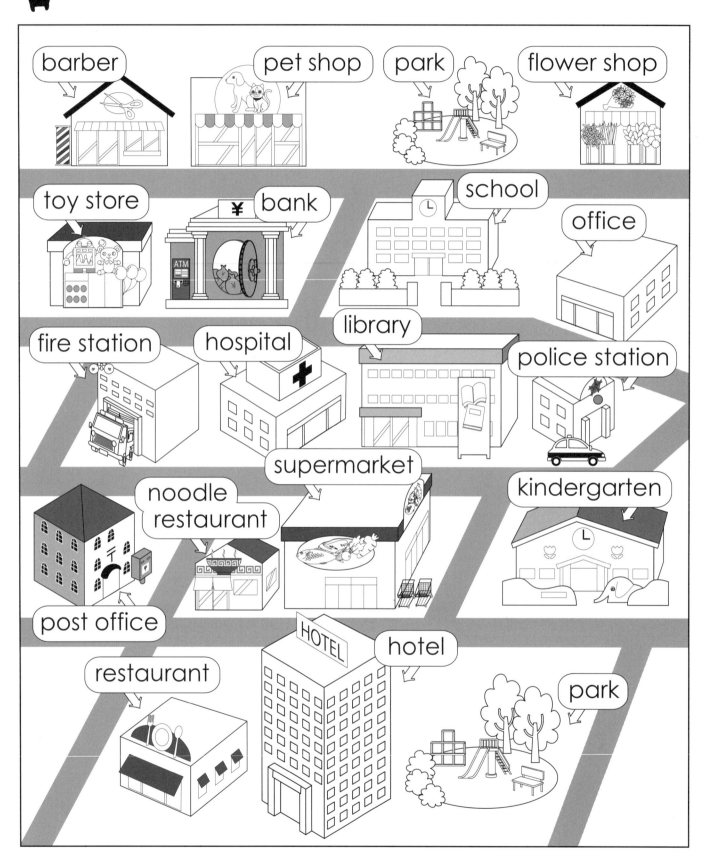

① What is **next to** the fire station?

The _____ is _____

the fire station.

② What is **between** the pet shop and
the flower shop?

The _____ is _____

the pet shop and the flower shop.

③ What is **beside** the toy store?

The _____ is _____

the toy store.

④ What is **between** the hospital and the
police station?

The _____ is _____

the hospital and the police station.

Challenge

さらに難しいぞ!

⑤ The hotel is _____

the _____ and the _____.

答えは
1つじゃないよ!
どれを選ぶかな?

⑥ The barber is _____

the _____.

-145-

ここでは
時をあらわす言葉と仲良しの
『前置詞』の練習をするよ!

【in / on / at】

 ルール **in/on/at** は、場所を表す言葉にも使われるけど、
時間を表す言葉の前にも使われるよ!
その場合「〜に」と訳す事が出来るよ!
では、下の英語を読んでみよう!

in 年・月・季節・午前中・午後などの前につくよ!

【例】 in 1998 (1998年に)
in May (5月に)
in the summer (夏に)
in the morning (午前中に)
in the afternoon (午後に)

on 曜日・日付などの前につくよ!

【例】 on July 2nd (7月2日に)
on Saturday (土曜日に)

at 時間などの前につくよ!

【例】 at seven o'clock (7時に)
at night (夜に)

日本語では、どの場合も同じ「〜に」だけど
英語では『**in/on/at**』と違う単語を使うよね。
上の文をセットで覚えてしまうといいよ!

Circle the correct words.
（正しい言葉に◯をつけよう。）

① He goes to school (on / in / at) eight every day.

② Christmas Day is (on / in / at) December 25th.

③ I see stars (on / in / at) night.

④ George and I met (on / in / at) 2014.

⑤ We often go to the beach (on / in / at) the summer.

⑥ Let's meet (on / in / at) 7 o'clock tomorrow.

⑦ Did you go out (on / in / at) Thursday?

⑧ She moved to China (on / in / at) May.

⑨ She takes piano lessons (on / in / at) Sundays.

【before / after / during】

ルール ☞ <u>before</u> / <u>after</u> / <u>during</u>は

『時』を表すことばとして使われるよ！
では、下の英語を読んでみよう！

before 『～の前』という意味

【例】 before the vacation （休みの**前に**）
before the movie （映画の**前に**）
before summer （夏の**前に**）
before reading a book （読書の**前に**）

after 『～の後』という意味

【例】 after the vacation （休みの**後に**）
after the movie （映画の**後に**）
after summer （夏の**後に**）
after reading a book （読書の**後に**）

during 『～の間』という意味

【例】 during the vacation （休みの**間に**）
during the movie （映画の**間に**）
during summer （夏の**間に**）

 Circle the correct words.
（正しい言葉に◯をつけよう。）

① 映画の前に、私たちはお茶を飲みました。

$\left(\begin{array}{l}\text{Before} \\ \text{After} \\ \text{During}\end{array}\right)$ the movie, we had tea.

② 彼は会議の後で帰りました。

He went home $\left(\begin{array}{l}\text{before} \\ \text{after} \\ \text{during}\end{array}\right)$ the meeting.

③ 夏休みの間に、私はアメリカへ行きました。

I went to America $\left(\begin{array}{l}\text{before} \\ \text{after} \\ \text{during}\end{array}\right)$ the summer vacation.

④ 彼女はお菓子を食べる前に手を洗いました。

She washed her hands $\left(\begin{array}{l}\text{before} \\ \text{after} \\ \text{during}\end{array}\right)$ eating the snacks.

⑤ 夏の間に私たちはその山を登りました。

We climbed the mountain $\left(\begin{array}{l}\text{before} \\ \text{after} \\ \text{during}\end{array}\right)$ summer.

⑥ テスト前に彼らは一生懸命に勉強しました。

They studied hard $\left(\begin{array}{l}\text{before} \\ \text{after} \\ \text{during}\end{array}\right)$ the test.

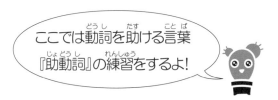

ここでは動詞を助ける言葉
『助動詞』の練習をするよ!

『助動詞』って?

『**動詞を助ける**』と書いて『**助動詞**』。

では、どうやって動詞を助けるのかな?

助動詞は、話し手の心理を表わしているんだ。

助動詞が加わると聞き手の受け止め方もかわるよ!

例えば・・・

 I eat natto. (私は納豆を食べます。)

 好きじゃないけど食べられるのかなぁ・・・とか

 I **can** eat natto. (私は納豆を食べることができます。)

can がつくと話し手の色々な心理が伝わってくるでしょ?

【助動詞 色々】びみょうな心理を表わす助動詞は、それぞれ文のニュアンスや意味が違ってくることに注意しよう。

can	=	〜できる / 〜していいよ　など
will	=	〜だろう / 〜するよ　など
may	=	〜していいよ / 〜かもしれない　など
should	=	〜したほうがいいよ / 〜のはず　など
must	=	〜しなければいけない / 〜に違いない　など

ルール **can** を使って助動詞の文の作り方を思い出そう!

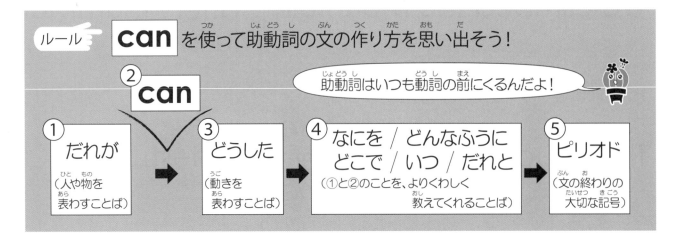

② **can**

助動詞はいつも動詞の前にくるんだよ!

① だれが
(人や物を表わすことば)
➡
③ どうした
(動きを表わすことば)
➡
④ なにを / どんなふうに
どこで / いつ / だれと
(①と②のことを、よりくわしく教えてくれることば)
➡
⑤ ピリオド
(文の終わりの大切な記号)

Rearrange the words to make a sentence. Then write the meaning in Japanese.

（[　]内の言葉を並べ替えて ＿＿＿ に正しい文を書き、＿＿＿ には日本語の意味を書きましょう。）

① [read / they / . / English / **can**]

日本語：

② [I / go / **will** / to the zoo / .]

日本語：

③ [**may** / . / you / open / the box]

日本語：

④ [our teacher / . / **should** / we / to / talk]

日本語：

⑤ [believe / **must** / she / her students / .]

日本語：

【質問の文】

ルール ☞ **can**を使って助動詞の質問の文を作ってみよう!

助動詞はいつも1番前にくるよ!

① **Can** ➡ ② だれが（人や物を表わすことば） ➡ ③ どうした（動きを表わすことば） ➡ ④ なにを / どんなふうに どこで / いつ / だれと（①と②のことを、よりくわしく教えてくれることば） ➡ ⑤ ?（文の終わりの大切な記号）

Rearrange the words to make a sentence.
Then write the meaning in Japanese.

クエスチョンマークに気を付けてね!

（[ ]内の言葉を並べ替えて＿＿に正しい文を書き、＿＿には日本語の意味を書きましょう。）

① [**will** / practice / ? / you / this Sunday]

日本語：

② [the tests / **may** / collect / I / ?]

日本語：

③ [I / keep / the secret / **should** / ?]

日本語：

④ [I / **must** / a hat / wear / ?]

日本語：

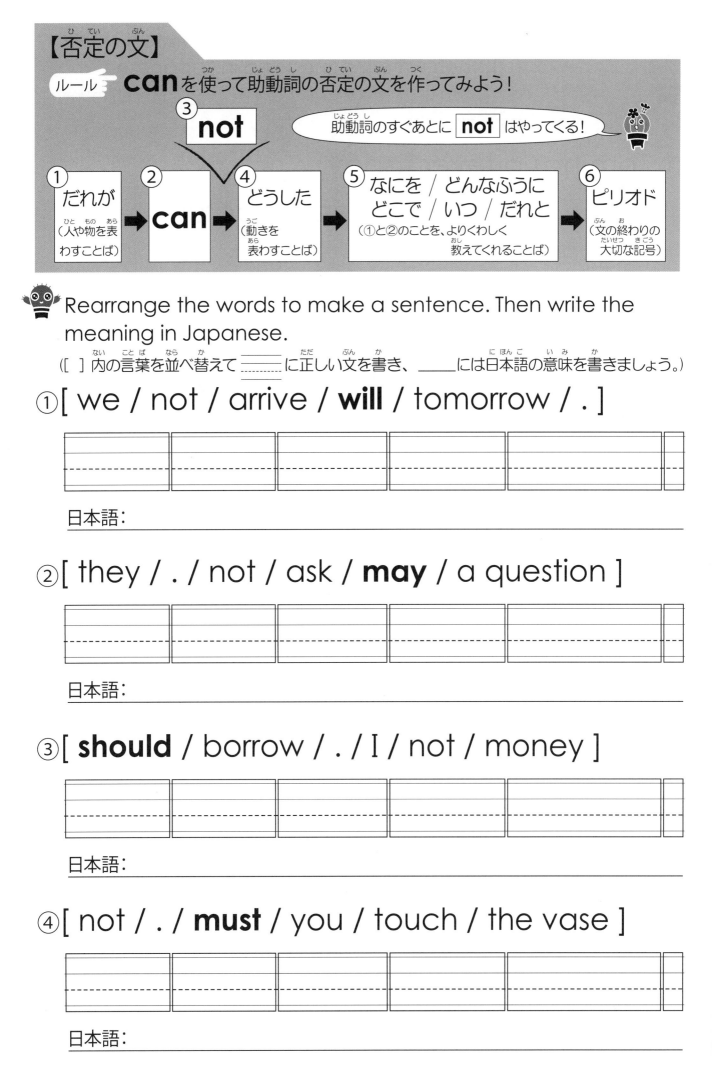

【否定の文】

ルール **can** を使って助動詞の否定の文を作ってみよう!

③ **not**

助動詞のすぐあとに **not** はやってくる!

① だれが（人や物を表わすことば） → ② **can** → ④ どうした（動きを表わすことば） → ⑤ なにを / どんなふうに どこで / いつ / だれと（①と②のことを、よりくわしく教えてくれることば） → ⑥ ピリオド（文の終わりの大切な記号）

Rearrange the words to make a sentence. Then write the meaning in Japanese.

（[ ] 内の言葉を並べ替えて＿＿＿に正しい文を書き、＿＿＿には日本語の意味を書きましょう。）

①[we / not / arrive / **will** / tomorrow / .]

日本語:

②[they / . / not / ask / **may** / a question]

日本語:

③[**should** / borrow / . / I / not / money]

日本語:

④[not / . / **must** / you / touch / the vase]

日本語:

-153-

Choose a word from the ▨ and write it in the
( ). Then write the meaning in Japanese.
(下の ▨ から正しい言葉を選んで（ ）書き、＿＿＿ には日本語の意味
を書きましょう。)

① Tom has a fever today.

He (   ) go to see a doctor.

日本語 : _____

下の言葉のどれでも
あてはまるよ。
それぞれあてはめた時
どんな意味になるかな？

② Heather is in Tokyo now.

She (   ) visit us.

日本語 : _____

③ Oh, I forgot my pencil case today.

John, (   ) I use your pencil?

日本語 : _____

④ Kate, your shoes are so dirty!

You (   ) wash them.

日本語 : _____

⑤ Tomorrow I have a big exam.

I (   ) do my best.

日本語 : _____

should	may	will
must	can	

あてはまる言葉は
1つじゃないよ！
でも、全部の言葉を
使ってね！

-154-

Challenge Choose the correct answer from the ▓ and write it on the lines.

（下の▓から正しい答えを選んで┄┄に書こう。）

【会話編】

① **Q:** May I go to the bathroom?

A: _____

② **Q:** Should I bring the textbook tomorrow?

A: _____

③ **Q:** Will you open the window?

A: _____

④ **Q:** Can you shut the door?

A: _____

⑤ **Q:** Must I eat my vegetables?

A: _____

⑥ **Q:** Please tell her thank you.

A: _____

Yes, you may. （いいですよ。）	Sure. （いいよ。）
No problem. （問題ない / いいよ。）	Yes, you must. （はい、しなくてはなりません。）
I will. （そうします。）	Yes, you should. （はい、したほうがいいよ。）

答え方は
1つじゃないよ！
でも、全部の答えを
使ってね！

-155-

This is a cat.

これは1匹のネコです。

<

These are cats.

これらはネコです。

That is a cat.

あれは1匹のネコです。

<

Those are cats.

あれらはネコです。

 Circle the correct words and write the meaning in Japanese.
(正しい英語に〇をつけ、日本語の意味を書いてみましょう。)

① 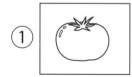 (This / These) is a tomato.

日本語:

②  (This / These) are apples.

日本語:

③  (That / Those) is a bike.

日本語:

④  (That / Those) are foxes.

日本語:

Circle the correct words and write the meaning in Japanese.
(正しい英語に〇をつけ、日本語の意味を書いてみましょう。)

① This (is / are) a penguin.
日本語：

② That (is / are) a monkey.
日本語：

③ These (is / are) turtles.
日本語：

④ Those (is / are) bananas.
日本語：

Write the word on the lines.
(_____ に単語を書きましょう。)

① これは1匹の犬です。

_____ _____ a dog.

② これらは犬です。

_____ _____ dogs.

③ あれは1頭の牛です。

_____ _____ a cow.

④ あれらは牛です。

_____ _____ cows.

Write the sentence on the lines by using the words in the ( ).

（（ ）内のヒントの単語を使って、英語の文を完成させましょう。）

①  これはねこです。(cat)

This is

②  これらは本です。(book)

These are

③ 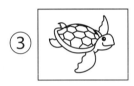 あれはかめです。(turtle)

④  あれらはトマトです。(tomato)

⑤ 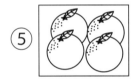 これらはオレンジです。(orange)

⑥ 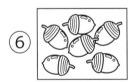 これらはどんぐりです。(acorn)

⑦  あれはにんじんです。(carrot)

⑧ 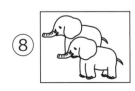 あれらは象です。(elephant)

Rearrange the words to make a sentence, and write the meaning in Japanese.

（[　]内の言葉を並べかえて ═══ に正しい文を作りましょう。
また、日本語の意味も書きましょう。）

① [is / a / turtle / that].

_____

日本語：_____

② [my / these / books / are].

_____

日本語：_____

③ [are / our / those / tomatoes].

_____

日本語：_____

④ [mother / this / my / is].

_____

日本語：_____

⑤ [are / these / carrots / his].

_____

日本語：_____

⑥ [that / brother / is / my].

_____

日本語：_____

Match the English and Japanese below.
（下の英語と日本語を線で結びましょう。）

① What •   • だれ

② When •   • なに

③ Where •   • いくつ

④ Who •   • どこ

⑤ Why •   • いくら

⑥ Whose •   • どのように・どう

⑦ How many •   • なぜ

⑧ How much •   • いつ

⑨ How •   • だれの

Say it! Read the sentences below. Please check the ☐ if you know the meanings.

(下の文を読んでみよう。英語の意味が解れば ☐ にチェックをいれよう。)

① What's your name? ☐

② Where do you live? ☐

③ When is your birthday? ☐

④ Who is he? ☐

⑤ Why do you like cats? ☐

⑥ Whose textbooks are they? ☐

⑦ How are you? ☐

⑧ How many books do you read in a year? ☐

⑨ How much money do you have now? ☐

What 日本語の意味は？『**なに**』だよね。

【会話の例】   日本語の意味は？
A:**What** is your name? (   )
B:My name is _____. (   )

会話の時には "What's your name?" と
短くして使うんだよ！

Rearrange the words to make a sentence.
([ ] 内の言葉を並べ替えて _____ に正しい文を書きましょう。)

文のはじめの文字は
大文字になるよ！

① これは何ですか？
[this / what / is / ?]

_____
_____
_____

② あれは何ですか？
[that / what / is / ?]

_____
_____
_____

③ あなたの名前は何ですか？
[your / what / is / name / ?]

_____
_____
_____

④ あなたは何色が好きですか？
[color / what / like / you / do / ?]

_____
_____
_____

⑤ その箱の中には何がありますか？
[in / the box / what / is / ?]

_____
_____
_____

Where | 日本語の意味は?『**どこ**』だよね。

【会話の例】   日本語の意味は?
A:**Where** do you live?   (   )
B:I live in _____.   (   )

Rearrange the words to make a sentence.
（[ ] 内の言葉を並べ替えて ___ に正しい文を書きましょう。）

文のはじめの文字は
大文字になるよ！

① それはどこですか?
[it / where / is / ?]

_____
- -
_____

② どこであれを買いましたか?
[did / buy / where / you / that / ?]

_____
- -
_____

③ 彼女はどこに住んでいますか?
[where / live / does / she / ?]

_____
- -
_____

④ あなたはどこにいますか?
[are / where / you / ?]

_____
- -
_____

⑤ あなたはどこに行きたいですか?
[want / you / where / do / to go / ?]

_____
- -
_____

When | 日本語の意味は？『**いつ**』だよね。

【会話の例】　　　　　　　　　　　　　　日本語の意味は？
A:**When** is your birthday? (　　　　　　　　　　　　　)
B:My birthday is＿＿＿＿. (　　　　　　　　　　　　　)

Rearrange the words to make a sentence.
（[ ] 内の言葉を並べ替えて ＿＿＿＿ に正しい文を書きましょう。）

文のはじめの文字は
大文字になるよ！

① それはいつですか？
[is / when / it / ?]

_____

② あなたのピアノのレッスンはいつですか？
[piano / when / your / is / lesson / ?]

_____

③ その試合はいつですか？
[game / is / the / when / ?]

_____

④ 彼はいつ寝ますか？
[does / sleep / when / he / ?]

_____

⑤ 彼らはいつ来ますか？
[come / do / they / when / ?]

_____

Who 日本語の意味は？『だれ』だよね。

【会話の例】   日本語の意味は？
A:**Who** is he?   (   )
B:He is my father.   (   )

🤖 Rearrange the words to make a sentence.
([ ] 内の言葉を並べ替えて ＿＿＿ に正しい文を書きましょう。)

文のはじめの文字は
大文字になるよ！

①彼女はだれですか？
[she / who / is / ?]
＿＿＿＿＿＿＿＿＿＿＿＿
- - - - - - - - - - - - - - - - - -
＿＿＿＿＿＿＿＿＿＿＿＿

②あなたはだれに話しますか？
[do / you / who / talk to / ?]
＿＿＿＿＿＿＿＿＿＿＿＿
- - - - - - - - - - - - - - - - - -
＿＿＿＿＿＿＿＿＿＿＿＿

③彼らはだれですか？
[are / who / they / ?]
＿＿＿＿＿＿＿＿＿＿＿＿
- - - - - - - - - - - - - - - - - -
＿＿＿＿＿＿＿＿＿＿＿＿

④彼はだれと遊びますか？
[play with / who / he / does / ?]
＿＿＿＿＿＿＿＿＿＿＿＿
- - - - - - - - - - - - - - - - - -
＿＿＿＿＿＿＿＿＿＿＿＿

⑤あなたはだれが一番好きですか？
[most / you / like / who / do / ? / the]
＿＿＿＿＿＿＿＿＿＿＿＿
- - - - - - - - - - - - - - - - - -
＿＿＿＿＿＿＿＿＿＿＿＿

Why

日本語の意味は？『**なぜ**』だよね。

【会話の例】

A: **Why** do you like cats?　（あなたはなぜネコが好きですか？）

B: Because they are very cute.（なぜなら とても かわいいからです。）

「Why?」と聞かれたら「because」を使って答えてね！
「because」は「なぜなら」という意味。

Rearrange the words to make a sentence.
（[ ] 内の言葉を並べ替えて＿＿＿に正しい文を書きましょう。）

① なぜあなたは図書館に行くのですか？

[do / why / go to / you / the library / ?]

② なぜあなたはここにいるのですか？

[are / here / why / you / ?]

③ なぜ彼女は京都に行くのですか？

[she / does / go / Kyoto / to / why / ?]

④ なぜ彼は家にいるのですか？

[is / at home / why / he / ?]

⑤ なぜ彼らは窓を開けるのですか？

[do / they / the window / open / why / ?]

Whose 日本語の意味は？『**誰の**』だよね。

【会話の例】

A: **Whose** pencil is this? （これは誰のえんぴつですか？）

B: This is my pencil. （これはわたしのえんぴつです。）

Rearrange the words to make a sentence.
（[ ] 内の言葉を並べ替えて _____ に正しい文を書きましょう。）

① これは誰のかばんですか？
[bag / whose / is / this / ?]

----

② あれは誰の自転車ですか？
[that / bike / is / whose / ?]

----

③ あれらは誰の本ですか？
[books / are / those / whose / ?]

----

④ これらは誰のノートですか？
[notebooks / are / whose / these / ?]

----

⑤ それは誰の家ですか？
[it / is / whose / house / ?]

| How | 日本語の意味は？『**どのように**』だよね。 |

> 「how」にはたくさん意味があるけど
> 基本は「どう」「どのように」だよ！

【会話の例】

A: **How** are you ?　　（調子はどうですか？）

B: I'm fine, thank you.　　（元気よ、ありがとう。）

Rearrange the words to make a sentence.
（[ ] 内の言葉を並べ替えて＿＿＿に正しい文を書きましょう。）

① どのようにそれを英語で言うのですか?

[it / say / do / English / how / you / ? / in]

----

② あなたのお母さんはお元気ですか?

[mother / your / is / how / ?]

----

③ あなたはどうですか?

[about / how / you / ?]

----

④ あなたはどのようにここへ来ますか?

[do / you / come / here / how / ?]

----

⑤ 彼はどのようにそれを作りますか?

[make / it / he / does / how / ?]

【Howの色々】

How many... (いくつ…?)
How much... (いくら…?)
How often... (どのくらいよく…?)
How long... (どのくらい長く…?)
How far... (どのくらい遠い…?)

「how」には たくさん意味があるよ!

Rearrange the words to make a sentence.
([ ] 内の言葉を並べ替えて _____ に正しい文を書きましょう。)

① あなたはいくつ本を持っていますか?
[books / do / you / have / how many / ?]

② あなたはいくらお金を持っていますか?
[how much / do / have / you / money / ?]

③ あなたはどのくらいよくテニスをしますか?
[do / you / how often / play / tennis / ?]

④ ここから駅までどのくらいかかりますか?
[the station / take / it / how long / does / from here / to / ?]

⑤ どのくらい遠くまでボールが投げられますか?
[can / throw / you / the ball / how far / ?]

Challenge  Choose the word from ■, and write it on the line.

（■から文に合う正しい英語を選び、＿＿に書きましょう。）

① ＿＿＿＿ is your name?

My name is Takeshi.

② ＿＿＿＿ is your school?

It's in Takasaki-City.

③ ＿＿＿＿ is that lady?

She is my sister.

④ ＿＿＿＿ are you running?

Because I'm late.

⑤ ＿＿＿＿ is the party?

It's on Saturday.

⑥ ＿＿＿＿ many people are there in your class?

There are forty students.

文のはじまりは
大文字だよね！

| what | when | where | who | why | how |

 **Challenge** Choose the word from ▦, and write the word on the line.
（▦から文に合う正しい英語を選び、＿＿＿に書きましょう。）

① _____ do you practice tennis every day?

Because I want to win the next game.

② _____ time is it now?

It's 2 o'clock.

③ _____ did you come to Japan?

I came here last year.

④ _____ is the restroom?

It's on the 1st floor.

⑤ _____ often do you practice soccer?

We practice five days a week.

⑥ _____ is your science teacher?

Mr. Tanaka is.

文のはじまりは
大文字だよね！

| what | when | where | who | why | how |

確認！

『名詞』・『代名詞』・『動詞』・『形容詞』・『前置詞』
それぞれのことばの種類とその働きや形について
わかっているかな？

①**名　詞**…人や物の名まえを表すことばを『名詞』というよ。
名詞は、英語の文の中で主語及び目的語になることができる。

> apple(りんご)などの形があるもの、
> water(水)やlove(愛)のような形がないもの、
> Mike(マイク)のような人名、
> Japan(日本)のような国名など色々だよ。

②**代名詞**…同じ名詞をくり返して使わない時や、遠くにある物を指していう時、
の代わりになることばを『代名詞』というよ。
名詞と同じで、文の中で主語・目的語になることができる。

> I, you, she, he, it, we, they,
> this, that...まだまだあるよ。

③**動　詞**…英語の文の中で動作を表すことばを『動詞』というよ。
動詞は文の中で、主語のすぐ後ろにくることが多いよ。
たくさん種類があるけど、覚えると色んな文が作れて、理解できる。

④**形容詞**…物ごとのようすや特徴を表すことばを『形容詞』というよ。
形容詞を使うことで名詞を説明したり、意味を加えることができる。
形容詞は文の中で、名詞とセットになるか目的語で使われるよ。

⑥**前置詞**…時間、場所、方法、位置、原因などを表す名詞と組み合わせて使われ
ることばを『前置詞』というよ。
文の中で、前置詞は使うことでより多くの情報を追加できるよ。

> on, in, under, between, by
> next to...まだまだあるよ。